兩岸的十字路口

李允傑 著

BC7802

兩岸的十字路口

國家圖書館出版品預行編目（CIP）資料

兩岸的十字路口 / 李允傑著 . -- 初版 . -- 新北市：藍海文化 , 2017.06
面； 公分
ISBN 978-986-6432-88-0（平裝）
1. 兩岸關係 2. 兩岸政策 3. 文集
573.09 106006308

版次：2017 年 6 月初版一刷、2018 年 3 月初版二刷

作　　者　李允傑
發 行 人　楊宏文
總 編 輯　蔡國彬
責任編輯　林瑜璇
封面設計　鄧楨樺
版面構成　弘道實業有限公司
出 版 者　藍海文化事業股份有限公司
地　　址　234 新北市永和區秀朗路一段 41 號
電　　話　(02)2922-2396
傳　　真　(02)2922-0464
購書專線　(07)2265267 轉 236
法律顧問　林廷隆 律師
Tel : (02)2965-8212

推薦序

宋楚瑜

我跟允傑兄從二〇〇〇年大選認識結緣至今，也有十七年之久。他長期在報章媒體對兩岸關係以及國內重大的政策議題發表看法，針砭時事，一向中肯專業理性；至今出版多本有關兩岸關係的專書，在國內及兩岸政、學界受到重視。

我十分肯定允傑持續筆耕的毅力，他在書中所呈現的視野與高度，超越紅藍綠，從中華民族的大歷史格局，為兩岸關係尋找一條出路。這條出路雖然崎嶇艱難、阻礙重重，但它卻是兩岸與國際環境情勢下比較務實可行的活路。

允傑點出了當前影響臺灣發展與兩岸關係的兩大問題：臺灣內部的藍綠惡鬥與兩岸之間的統獨之爭。

打破藍綠惡鬥，找回臺灣幸福

過去三十年，臺灣歷經全國、地方等大大小小的選舉，政黨與候選人為了爭奪政權、擴大政治版圖與資源，將每一次選舉都搞成「藍綠對決」、「統獨大戰」的激情選戰。選舉周而復始的撕裂社會和諧，侵蝕了臺灣善良百姓、人與人之間的互信基礎。

長期以來臺灣社會被藍綠嚴重綁架。可以說，每個臺灣人要被迫戴上有色眼鏡，幾乎每一個家庭都受到藍綠對立的影響；甚至於造成夫妻失和、兄弟吵架、朋友絕交！臺灣政治給外界的印象是，民進黨上台，國民黨杯葛；輪到國民黨上台，民進黨反對。這樣的惡性循環，一再重演。

民眾對於藍綠惡鬥的厭煩，已經成為臺灣民眾的共識。政黨政治本來是希望不同政黨可以在相互競爭中，激勵進步；事實上卻往往淪為互扯後腿與比爛，只論藍綠、不問是非。

中華民國做為亞洲第一個民主國家，我們民主的素養卻有待提升。藍綠的高牆撕裂了臺灣社會，讓我們的政治缺乏理性討論、務實解決問題的空間，使我們喪失了不分彼此、建設家園的動力。我們必須拒絕藍綠惡鬥，提升臺灣民主品質。我同允傑一樣，期許臺灣內部能夠從政黨對立走向政黨對話；從政黨惡鬥的漩渦中掙脫出來，走向良性競爭。如此，我們才能驕傲的說：臺灣的民主政治，足以成為中國未來政治發展的典範。

建立兩岸永續和平發展架構

兩岸同屬炎黃子孫、中華民族大家庭，同文同種，沒有什麼不能協調商量。兩岸過去在經濟、文化、教育、社會交流密切，未來一定有智慧找出和平相處之道，建立兩岸永續和平發展架構。

二〇一四年，我在北京，與中共總書記習近平會面，說出臺灣人民的心聲，提出四個體諒，習總書記回應「四個不變」原則，並將三中一青列為對臺工作重點。畢竟兩岸關係的和平穩定乃至共同繁榮，都需要大陸傾聽臺灣民眾聲音，尤其是中華民國所堅持的自由民主價值；另一方面，臺灣人民也必須理解大陸對於中華民族立場的堅持。

根據臺灣競爭力論壇最近幾年所發布的國族認同民調結果顯示，在民族認同上，臺灣民眾對兩岸的血緣歷史、語言文化、民俗宗教有高度的認同；但在國家（state）認同上臺灣社會最大公約數是中華民國。另一方面，臺灣民眾對兩岸關係的認知是相當理性務實，認為兩岸最大分歧是「社會生活與價值觀」、「意識形態與制度」。

兩岸在經濟上有共同利益基礎，但政治與社會價值仍存在巨大的鴻溝，這是進入政治協商對話的關鍵障礙。兩岸關係的發展應該從線性思考，轉為非線性思考：亦即藉由中華民族這個大框架，讓兩岸社會深入交流與相互理解，逐步縮小兩岸的距離。

兩岸需要的是時間與同理心，以拉近彼此的社會差距。如果有一天，這個社會差距不再，兩岸的生活與價值觀相近且相融，意識形態與制度也不再有衝突，兩岸和平發展正常化，就不會是難事。

相向而行到心靈契合

我非常同意習總書記所說的，兩岸之間最重要的是要能「心靈契合」。兩岸必須多交流對話，增進彼此的瞭解，而非誤解。允傑也長期主張兩岸之間（包括官方與民間）應該建立多元的對話平台，透過更多的交流溝通與對話，才能讓兩岸的心靈距離越拉越近。他在書中建議兩岸應從僵持的統獨主權之爭，轉化為良性的制度之爭：亦即通過兩岸多元渠道與民間平台，從中尋求創意、擴大交集，漸進凝聚共識；同時透過多層次的交流渠道，彼此觀摩溝通、學習，讓兩岸的心靈距離可以更靠近，兩岸關係的未來發展將有無限的可能性。

允傑在書中深入探討了從太陽花學運到民進黨重新執政，臺灣所面臨的內外挑戰與兩岸僵局，全書緊扣時事脈動，是值得一讀的好書，我特別在此推薦，並為之序。

親民黨主席　宋楚瑜　謹序

中華民國一〇六年五月一日

推薦序——兩岸十字路口需要善意、互信及創意

高孔廉

海峽兩岸自從一九四九年分裂分治以來，將近四十年期間歷經「軍事衝突」、「冷戰對峙」，直到一九八七年開放民眾赴大陸探親，結束「不接觸、不談判、不妥協」的三不隔離，展開「民間交流」。這期間兩個重要的里程碑是一九七九年及一九八七年。一九七九年鄧小平上台，終結文化大革命及對外封鎖的政策，厲行「改革開放」，開始與西方民主社會接觸，而對兩岸關係而言的重大意義，是兩岸可透過香港進行間接貿易，在此之前，大陸禁止臺灣產品進口，而臺灣則透過香港進口中藥材，導致臺灣處於貿易逆差，但此後，臺灣則一直是貿易順差，且順差金額逐年擴大，直到最近幾年才略為縮小。

另一方面一九八七年，蔣故總統經國，鑑於兩大因素開放探親，一是老兵離家四十年，基於人道實有回鄉探親需求；另一則是國際局勢，美國與蘇聯等民主與共產兩大集團，對抗情勢趨於緩和。一旦開放人員往來交流後，其他的交流也逐漸開展，包括正式開放貿易、投資，也開始有了文化交流，兩岸交流數量的增加及層次的提高，是衡量雙邊關係進展的一個指標。

衡量兩岸關係良窳的指標，除了前述的經貿、文化、社會交流之外，另外的幾個重要指標，包括：(1)雙邊溝通聯繫對話管道，無論是商品檢驗檢疫、食品安全、衛生、醫療、犯罪情資等等，都

要有聯繫合作，解決問題，更重要的是高層綜合性的聯繫管道，也就是陸委會與國臺辦，以避免誤判。⑵雙方的協商談判，能夠官方直接談判，當然最好，許多專業問題，只有官方專責機關，才能做出決定。但一九九一年鑑於當時政治環境，雙方是設立官方授權的民間團體，海基會與海協會，一九九三年進行了第一次的會談，簽署了四項協議，把一九四九年以來的兩岸關係推上一個高峰，但一九九五年之後，當時的政府領導人一些作法，導致兩岸互相猜疑。而二〇〇〇年政黨輪替，兩岸政策反覆，言行不一，使兩岸關係陷入谷底。二〇〇八年國民黨重新執政，在九二共基礎上才恢復協商，而此時的協商因涉及專業性及功能性，所以是由海基會協調，各主管機關官員直接面對面協商解決。⑶雙方互設辦事處，目前雙方僅經貿事務方面，成立了辦事處，但尚缺綜合性的互派代表辦事處，層級上尚有不足。

如果依以上指標來看，兩岸關係在一九九一至一九九五年形成一個高潮，而一九九九至二〇〇八年則反轉直下，甚至陷入危險邊緣，二〇〇八年兩岸放棄成見，而在九二共識基礎上恢復協商，簽署了二十三項協議，開放了三通直航、觀光客來臺，也簽署了共同打擊犯罪、兩岸金融合作及兩岸經濟合作架構（ＥＣＦＡ）等協議，把兩岸關係推向另一個高峰，可惜的是二〇一六年臺灣再度政黨輪替，新政府雖口口聲聲「維持現狀」，但對於前面八年，兩岸協商交流關係基礎的九二共識不願維持，以致兩岸停止了協商談判，中斷了溝通聯繫，原有協議的執行也困難重重，交流的量、質也受到影響，具體的展現在觀光客的驟降，農產品的貿易，由順差變為逆差，而受影響的多為弱勢的中小企業及農漁民。此外，陸生來臺也下降，文教等交流也因為陸方抵制，降低了層級。種種的現象，正展現了本書書名所稱的「十字路口」。往後究應何去何從？

個人認為啟動談判協商的關鍵是「善意、互信、創意」，我們只要看美國川普總統，從去年十二月到今年二月，兩個月期間對中國的態度轉變，就可以知道善意多重要了。二〇一六年十二月十二日川普競選時說美國沒有必要被一個中國政策束縛，當選後就職前又質疑為何要被一中約束，可是中方只派了一個外交部發言人出面回應，指稱一中是美中關係的政治基礎，後來川普就職後，與多國領袖見面或通電話，可是中國就是不理他，結果是美方先低頭，先致函習近平，才促成川習通了電話，而川普竟稱在習近平的要求下，同意信守我們的一個中國政策。換言之，是美國先表達了善意，而且是後續有具體的行動，才啟動了美中的溝通聯繫。要知道，善意不是單方面講了算，必須對方感受到而且接受，否則只是個空氣而已。

互信則是長期逐漸累積建立的，經由認識交往，逐漸增進「信賴、瞭解、尊重與友誼」。至於僵局的解決，則有賴創意，一九九二年兩岸協商文書驗證，因為一個中國問題卡住，雙方各提五案，互不接受，我方腦力激盪再提三案，對方終於對其中一案，表示尊重與接受，而這一案我方表述內容長達八十四個字，可以說是創造性的模糊，媒體將之歸納簡稱為一中各表，這個創意讓雙方各有台階可下，終能擱置爭議，務實協商，促成了兩岸一九四九年分離後第一次的協商，簽署了四個協議。

臺灣藍綠兩大政黨最大的差異是兩岸關係定位及意識型態，有人也許把它簡化為統獨之爭，但事實上，統獨根本是個假議題：第一、從民調來看，最大多數民意是主張維持現狀，從一九九二年到二〇一六年兩岸關係的曲折起伏來看，一中各表是維持現狀的發展兩岸關係的基礎，也許有人說大陸其實從未正面表態過，但是他們也沒否認過，記得二〇一一年在杭州開兩岸經合會，我的開場致詞就公開說了「九二共識，一中各表」，因為這個共識，本來就是「各說各話」，創造性的模糊，讓各自可以對內交待。其次、就事實而言，只要瞭解國際現勢的人就知道，現在根本沒有「獨」的可能，而另一方面也沒有「統」的條件。既然如此，藍綠何必在這個問題上打轉，甚至於操弄選舉。客觀的說，臺灣現在最需要的是壯大經濟實力，兩岸僵持的結果，對臺灣絕對不利，大陸的進步並不會因為臺灣的反中排華而停止，只要看這兩年，亞洲投資基礎建設銀行及今年五月一帶一路峰會，世界各主要國家紛紛表態參與，就很明顯了。衷心的希望，臺灣各黨能為兩岸關係定位取得共識，共同建設發展我們臺灣的家園。

允傑兄是個傑出的青年學者，學有專長，在政治及公共行政領域極為專業，對於財經、企業經營亦有獨到的見解，常在報章雜誌發表專論，我都會認真的閱讀，對於他的看法相當佩服。我在海基會服務期間，他也是海基會的顧問，對於兩岸關係政策面及執行面均常提出建議。此外，他也曾被徵召入閣，擔任青年輔導委員會主任委員，是個點子極多的領導人，在他帶領下，青輔會總是展現年輕朝氣，吸引青年的活動極多。如今，他將言論集結成冊，讓人更能明瞭他的思維，我們希望兩岸領導人能夠為兩岸的中國人福祉思考，展現善意、互信及創意，共同努力建立兩岸的永續和平。

東吳大學商學管理講座教授
高孔廉
二〇一七年五月十六日

推薦序

童振源

允傑兄說，他有「憂國憂民的ＤＮＡ」才關注兩岸關係，實在過謙。我認為，他是為國為民、窮盡洪荒之力，為臺灣擘畫國內和解與兩岸和平的路徑圖。他的苦心孤詣令人敬佩，他的建議與分析非常值得國內政黨與兩岸政府參考，也是國內學術研究的必讀佳作！

允傑兄的兩岸關係論述非常精闢，為臺灣發展與兩岸關係指引明燈。他堅信唯有跳脫統獨、超越藍綠，臺灣社會與兩岸關係的發展才能逐漸走向正面健康的良性循環。這不僅是允傑兄的信念，而且他身體力行、不斷著書立說，從臺灣內部的政治、財政、社會、經濟、民意與國際關係等多元面向，分析臺灣面對的挑戰及兩岸關係的未來。

允傑兄非常精準地指出，兩岸最根本的問題，除了歷史記憶的不同之外，主要在於政治制度與社會價值的不同，進而導致臺灣人民對中國大陸認同的急遽降低。因此，兩岸交流與大陸崛起，不僅沒有加深臺灣人民對大陸的認同，反而引發更多的焦慮與不安，導致臺灣人民反對兩岸經濟整合深化，造成太陽花學生運動。

當然，允傑兄並沒有天真地認為，只要處理臺灣內部的情緒便可以解決兩岸問題。他進一步提出，在中國崛起、兩岸經貿難以分離的情況下，臺灣要有趨吉避凶的智慧，以軟實力柔化中國大陸，善意引導大陸民主改革，而非激化大陸極端民族主義抬頭，導致兩岸玉石俱焚。

在上述的戰略目標下，允傑兄建議，以「兩岸同屬一個中華（民族）」為起點，在民主和平與對等尊嚴的原則下，尋求未來兩岸可行的統合模式，共同建構永續性的兩岸和平。他繼而提出，尊重臺灣的民主制度、推動大陸民主化，是臺灣藍綠政黨的共同利益，兩岸的統獨之爭也將自然迎刃而解。

允傑兄還明確提出維護臺海和平的三大法寶：建立中華連結以強化兩岸互信、堅持自由民主價值以爭取大陸人民認同、堅守《中華民國憲法》以建立國內共識。當然，任何兩岸政策建議要兼顧到國內認同、利益、安全與尊嚴，要平衡國內與兩岸的政治力量，是相當不容易的，最終還需要實踐檢驗。但是，允傑兄確實提出一種值得兩岸參考的完整論述與均衡架構。

大陸領導人近來常說，兩岸統一是兩岸人民的心靈契合，甚至要推動兩岸政治談判與統一進程，但究竟是徒勞無功、甚至背道而馳。允傑兄也在書中向大陸朋友提醒，最主要的關鍵是大陸缺少吸引臺灣民心的兩把鑰匙：「拉近兩岸的政治社會差距」與「面對中華民國存在的現實」。這項說法非常值得大陸朋友重視與警惕。

無論上面的兩岸論述與主張多麼可行，就如允傑兄所指出，兩岸要建構永續和平發展，必須建立紅藍綠橘的多元溝通對話平台，需要彼此傾聽、超越顏色，可以從民間開始做起。相信允傑兄的這本大作必能激發更多國內多元對話與兩岸廣泛溝通，創造臺灣、大陸與亞太的多贏結果。

童振源特聘教授
國立政治大學國家發展研究所
二〇一七年五月六日

自序（代導讀）

超越顏色與自我

許多陸客來臺灣，常說：「臺灣最美的風景是人。」的確，臺灣人善良、體貼、有禮、樂於助人。但是自從解嚴之後，臺灣從中央到地方的選舉頻繁，選舉留下的後遺症是，臺灣社會最為人所詬病的「藍綠惡鬥、統獨對立」！這個病灶困擾臺灣三、四十年了，臺灣社會長期被顏色綁架，探討任何的政策議題，人們總是帶著有色眼鏡，非藍即綠、非綠即藍。但是，你我都知道世界是彩色的，人生才會健康豐富。

這本書期望窮盡洪荒之力，提出超越藍綠統獨的視野與路徑。也許有人會覺得我很天真，就像唐吉軻德挑戰大風車，吃力不討好，甚至可能全身傷痕累累。對藍營的人來說，我的立場不夠藍；對綠營的人來說，我的論述不算綠！但我堅信，唯有超越統獨、跳脫藍綠，臺灣社會與兩岸關係的發展才能逐漸走向正面健康的良性循環。

高中時期，教官推薦我加入國民黨。就讀臺大政治系時期，因為堅持言論自由的理念，我曾經協助參與黨外雜誌的編輯工作（包括《前進雜誌》、《雷聲雜誌》、《蓬萊島雜誌》）；因為關心勞工運動，在念臺大政研所時期（碩士論文題目是工會政策）曾在臺灣勞工法律支援會做志工，當時勞支會執行長是新潮流的賀端蕃。也因為臺大時期的黨外色彩濃厚，「思想不純正」，在那個威權年代，我是極少數臺大政研所畢業後的預官役不是擔任政戰官，而是砲兵官。

出國念書後，我成為失聯的國民黨員。學成回國，我是一介書生、單純的學者，與藍綠政黨素無淵源。二〇〇〇年大選，宋楚瑜以無黨籍獨立參選總統，因緣際會，我與當時素昧平生的省府副秘書長秦金生結識，在他的引薦下，加入宋團隊擔任發言人，開始涉足政壇之路，並在親民黨成立之後擔任政策中心副主任。二〇〇六年，承蒙兩岸研究前輩高孔廉先生的邀請，我兼任國政基金會國家安全組特約研究員，持續在兩岸議題筆耕。二〇一一年，吳敦義擔任行政院長，我意外地被延攬加入國民黨政府內閣，擔任行政院青年輔導委員會主任委員。

可以說，我的前半生巧合地接觸了臺灣政治的各種顏色。這樣特殊的際遇和經歷，在人生過了半百後，思想經過轉折與沉澱，有些事情越看越透徹，也越能超脫自我。如同《心經》所言：「色不異空、空不異色；色即是空、空即是色。」對我來說，所有的顏色是「眾生平等、無差別心」。

寫這本書的出發點，是期許自己的視野與格局能夠超越紅藍綠橘，站在中華民國的立場，從臺灣人民與中華民族整體利益出發，提出兩岸關係的分析論述與策略建議。我的初心，是希望兩岸人民與政府，不受政黨輪替的干擾，能在互信互惠、永續和平的軌道上，穩健前行。

一九四九，如果歷史重來……

二〇〇九年，中共建政六十周年，推出《建國大業》這部被視為中國大陸電影史上最豪華卡司的電影。數十年來，國共鬥爭與內戰歷史是中國大陸影視最喜愛的主旋律，電影有《開國大典》、《大決戰》與《三大戰役》，電視劇則有《解放》、《亮劍》與《潛伏》等。這段歷史在中國大陸竟如此重要，不斷重複拍攝、宣傳、上映，無非是宣傳愛國主義，告訴後人政權奪得不易。

如果說《建國大業》類型的電影是從國家集體主義歌頌共產黨與解放軍的驍勇善戰；那麼龍應台寫的《大江大海一九四九》則是從人民的角度控訴無情戰火對老百姓的摧殘與傷害。北京天安門廣場的閱兵大典充滿視覺震撼的力與美，但戰亂時代下小人物的生離死別與無奈吶喊，恐怕更能觸動人心。這讓我不斷思考一個問題：如果重回一九四九，這場血流成河、屍骨成山的內戰有沒有避免的可能？

重讀近代史，我發現可能性是存在的。一九四五年二月，毛澤東發表《論聯合政府》，呼籲「由各黨派和無黨派的代表聯合組成政府，發布民主施政綱領，召開國民代表大會」，如此才算是真正的統一、民主的統一，方能建立新民主的國家。

為因應國內外要求和平的壓力，國共兩黨在重慶進行會談，並於一九四五年十月十日簽訂《會談紀要》（中共稱之為《雙十協定》）。雖然毛澤東在重慶會談高呼「蔣主席萬歲」，但雙方在

「政治民主化」與「軍隊國家化」等關鍵問題存有歧見，最後雙方同意提交政治協商會議解決。

如果國共兩黨能真心尋求和平與民主統一，通過政治協商，或許有可能出現左右派兩黨民主政治。只不過，雙方把《雙十協定》視同廢紙，表面上政治談判，私底下國、共軍隊為接收日軍占領區「針鋒相對、寸土必爭」。在重慶談判前夕，毛澤東對左舜生、章伯鈞說：「蔣先生以為天無二日，民無二王，我不信邪，偏要出兩個太陽給他看看！」

撫今追昔，從一九四五年到一九四九年，中國形成兩黨政治的機會之窗曾經出現，但雙方各懷鬼胎、政治互信蕩然無存，最終仍是以戰爭做為結束，兩岸從而分裂分治超過一甲子，中國大陸依然一黨專政，兩岸間因內戰而造成無數的家庭悲劇已難以彌補。

兩岸經過慘烈的內戰之後，中國形成民選的政黨競爭體制的希望破滅，兩岸隔海分治，自由中國與社會主義中國分庭抗禮。面對未來，我們不禁要問：兩岸之間有沒有足夠的互信基礎與創意思維跳脫六十八年前的歷史輪迴？

從自由中國到民主臺灣

在一九五〇、一九六〇年代，中華民國曾以「自由中國」在兩岸之間定位，但因當時處在戒嚴統治，其實並不「自由」。然而，在那個年代，臺灣社會卻有一種正義感與光榮感，甚至有一種對整個「中國」的使命感，後來又有「三民主義統一中國」的主張。由於北京採取「中華民國在一九四九年已經滅亡」的打壓政策，激化了三十年來的臺灣意識高漲，「中國」漸漸成為許多臺灣人避諱的符號，也使得臺灣人在心理上與「中國」及「中國人」漸形疏離。臺灣亦由昔日的「自由中國」，轉為今日的「民主臺灣」。

然而，歷史無法切割，更不可能拋棄。臺灣的命運無法切割中華民國的歷史。因為有臺灣的接納，中華民國的命脈得以延續；因為有中華民國（憲法）的保護，臺灣得免於兩岸戰爭的蹂躪。

黃宗羲在《明夷待訪錄》中說：「古者以天下為主，君為客，凡君之畢世而經營者，為天下也。」「天下之治亂，不在一姓之興亡，而在萬民之憂樂。……」二十一世紀的兩岸關係，應擺脫「爭法統、搶正朔」的歷史輪迴，從人民的福祉出發，才會有解答。

兩岸關係對臺灣的重要性不言可喻，影響臺灣政治、經濟、社會的每一個層面。兩岸關係複雜難解，兩岸關係處理得好，對臺灣有利、對中華民族有益；兩岸關係處理不好，對兩岸人民與政府都是兩敗俱傷的局面。曾經有人問我：「你是公共行政學者，又曾擔任過青輔會主委，為何對兩岸關係這麼有使命感？」我通常會開玩笑地回答：「因為憂國憂民是我的ＤＮＡ。」

處理兩岸的統獨問題是複雜而敏感的，往往兩邊不討好而被萬箭穿心。看看網路上臺灣的天然獨與中國大陸的天然統的激戰，充滿叫囂謾罵、人身攻擊，尖酸刻薄無所不用其極，看完後我們會對於兩岸和平的未來，感到悲觀。但兩岸關係不僅影響到兩千三百萬人民的生活福祉，更影響整個亞太區域穩定，如何處理兩岸關係，是每一位中華民國國民與執政者的必答題，不分藍綠。

一九八六年，我進入臺大政治系就讀，第一個選擇的社團就是大陸問題研究社。當時經常光顧在新生南路跟羅斯福路口擺設的書攤，對於禁書特別有興趣，一直想解開從高中時期的疑惑，為何抗戰勝利後，聲望如日中天的蔣委員長與國民政府，最後會敗退到臺灣來？中研院近代史前所長郭廷以的《近代中國史綱》，是解答我心中疑惑的啟蒙著作。

耐心打開兩岸的結

兩岸關係的歷史糾結超過一甲子，要打開這個結，必須要有耐心、創意與同理心。其實兩岸之間今天形成統獨尖銳對立的大環境，兩岸主事者缺乏同理心是重要原因。比如說，一九四九年國共內戰大勢底定，國民黨政府撤退到臺灣，中共當局卻宣稱中華民國已經滅亡。但事實是中華民國並未消失，只是管轄範圍限縮於臺澎金馬，但北京的漢賊不兩立政策，打壓中華民國的國際空間，連過渡的或暫時的兩個中國都不能接受，那麼當民主化的臺灣走向本土化，進而滑向臺獨化的現象出現也就不令人意外了。

近二十年來，兩岸民間交流日益頻繁，但臺灣人民的中國認同卻日益淡薄；臺灣認同日益強化。這種國家認同的異化緣於兩岸過去歷史發展所造成的差異，包括社會型態、政治制度、生活方式與核心價值，有如南轅北轍，成為雙方不同歸屬感的重要基礎。基本上，已經習慣自由民主體制的臺灣民眾不會接受中國大陸體制下的統一。

不論兩岸交流如何密切，不論中國大陸如何讓利，只要兩岸的體制差異難以縮小，就不可能說服臺灣民眾接受統一。從歷次民調看，臺灣人民不會接受「一國兩制」的安排，尤其近年中國大陸對香港的態度，更讓臺灣民眾心生警惕。原本北京將香港做為一國兩制的樣板，垂範臺灣。隨著香港占中的演變發展、銅鑼灣書店事件、和二〇一七年特首選舉，對臺灣人而言，香港的歷史經驗反而成為負面教材，強化臺灣民意拒絕統一的重要理由。

兩岸最根本的問題，除了歷史記憶的不同，主要在於政治制度與社會價值的不同。伴隨著自由民主化，臺灣人民對民主化程度不足的中國大陸的政治認同感急遽降低。臺灣人經過民主化的生根與洗禮，對中國大陸具效率卻缺乏透明度的威權體制無法理解、難以認同。在體制差異未消除之前，北京對臺經貿的讓利、提供國民待遇優惠，或是花大筆的預算與人力向臺灣青年招手，期望能夠有助於兩岸經濟社會融合，恐怕效果終究是事與願違，徒勞無功，因為根本沒有對症下藥。

華府非政府組織「自由之家」公布的二〇一七年《世界自由度報告》，提供了強烈對比：臺灣獲得九十一分，獲評為「最自由」；而中國大陸再度被列為「不自由國家」，總得分十五分，其「政治權利」獲評為七，也就是「最不自由」，「公民自由」則獲評為六。自由之家指出，中國大陸自由度下滑，是因為對私人和公眾在網路上的討論加強網路安全管理而造成寒蟬效應，以及《境外非政府組織境內活動管理法》增加對網路的監控。此外，對於人權律師、部落客、草根運動者和教徒判重刑，都是自由程度下滑的原因。

香港的自由程度也不及臺灣，獲六十一分，被列為「部分自由」；自由之家指出，由於北京侵犯香港的自由，因此香港的自由程度呈現下降趨勢。這份報告的出爐，解答了何以臺灣的主流民意是以維持現狀拒絕統一；也解釋了為何太陽花學運的訴求是「臺灣不要成為下一個香港」！

經過一甲子的演變發展，兩岸政治體制的差異隨著臺灣的民主化進程日益擴大，而影響臺灣人民的國家認同，這是不爭的事實。中國大陸推動實施一黨專政，以集體主義和國家主義全力發展經濟，固然在軍事、經濟等硬實力取得可觀的成果，但在民主自由和人權保障上的軟實力表現，對臺灣民意不但沒有吸引力，反而產生排斥感。

當前兩岸的統獨僵局固然有國際與歷史因素，但跟兩岸的政治體制分歧也有很大的關係。一九七二年二月二十八日，中國在《上海公報》中聲明「中華人民共和國是中國的唯一合法政府；……中國政府堅決反對任何旨在製造『一中一臺』、『一個中國、兩個政府』、『兩個中國』、『臺灣獨立』和鼓吹『臺灣地位未定』的活動」。這個僵硬的統一原則，幾十年不變，更不要說邦聯、國協、或者歐盟模式，通通不被北京接受，因為都是西方國家的產物，不適用於中國。另一方面，臺灣經歷幾十年民主政治的洗禮，臺灣人所堅持的信念是人民對未來有自由的選擇權，這是兩岸僵局根本矛盾之所在。

兩岸能否相向而行？

兩岸關係固然受制於國內與國際政經因素的制約，但領導人的耐心、創意與智慧仍然可以起到關鍵的作用。兩岸當局在國家主權的糾結爭執已超過一甲子，何妨放大歷史格局、提升價值層次，以「兩岸同屬一個中華（民族）」為起點，在民主和平與對等尊嚴的原則下，尋求未來兩岸可行的統合模式，共同建構永續性的兩岸和平。

習近平當深入理解臺灣四百年來殖民歷史傷痛，以及臺灣人民期望當家作主、對自由民主制度的堅持；同樣的，蔡英文應體會中華民族百年來所遭受的歷史苦難，以及中國大陸人民對於中華民族偉大復興的渴望，共同用同理心，以兩岸蒼生為念，相向而行。

國臺辦曾說：民進黨最需要明確回答的是，兩岸之間是什麼關係。不管民進黨論述如何調整，「一中原則」仍是北京的底線。習近平在二〇一六大選前揚言，兩岸關係若無以九二共識做為政治基礎，將「地動山搖」。國臺辦在蔡英文就職演說後，隨即提出「未完成的答卷」的政治定性，意味北京仍期待民進黨在「兩岸同屬一中」的立場上表達清楚，關鍵在於民共兩黨在主權議題上存在基本矛盾，缺乏互信。

北京認為民進黨的「中華民國是臺灣」的立場已經在歷史文化與法統上掏空了中華民國，「欠缺一中連結」恐怕是北京不能接受蔡英文兩岸論述的主因，因為這不僅涉及中共的政治合法性基礎，同時也是對臺政策的底線。

民進黨重新執政後，兩岸關係何去何從？最簡單而民粹的選擇是採取「對抗邏輯」——藍綠對抗、兩岸對抗，最後升高為臺灣民族主義與中國民族主義的對撞，造成兩岸和平發展的重大挫折崩解，更是中華民族的悲劇。

就兩岸與國際政治現實而言，遠離中國的臺獨路線是不切實際（甚至於致命）的藥方。兩岸之間如果陷入統獨對決，上升到民族主義的矛盾對立，當中國的民族主義與臺灣的民粹主義激烈對撞，那就注定是無解僵局，對臺灣非常不利。因此兩岸之間的競爭軸線，應當從民族主義的邏輯轉為民權主義的邏輯。也就是從統獨主權之爭，轉為政治制度之爭，才有解套的可能。

試想，如果今天中國變成了民主國家，比如像英國、加拿大，在面對分離主義運動，會使用包容尊重的民主制度來解決，如同英國允許蘇格蘭以統獨公投決定去留；加拿大允許魁北克進行統獨公投。換言之，民主國家會用民主制度方法來解決統獨問題。藍綠政黨在統獨問題上其實是有交集的，也就是尊重臺灣人民的選擇權，由此觀之，臺灣藍綠政黨的共同利益，在於堅持臺灣的自由民主制度，期待中國大陸走向民主，兩岸的統獨之爭自然水到渠成、迎刃而解。

只有中國民主化，臺灣主流民意即使選擇與中國大陸統一，也會因為中國大陸是高度民主法治社會而比較安心；假設臺灣人民選擇獨立，也會因為中國是尊重包容的民主社會，和平獨立公投才有可能進行。臺灣最不智的策略是，在兩岸實力對比懸殊的形勢下，推動激進的臺獨主張，招致中國極端的民族主義對撞，傷害臺灣、也讓北京當局藉著民族主義，拖延中國民主化的進程。在中國崛起、兩岸經貿難以分離的情況之下，臺灣要有趨吉避凶的智慧，以軟實力柔化中國大陸，善意引導中國民主改革，而非激化中國極端民族主義抬頭，導致兩岸玉石俱焚。

從藍綠對立到藍綠對話

藍綠對於兩岸關係的看法差異在於，藍營重視中國大陸市場的機會與兩岸和平的紅利；而綠營強調臺灣與中國大陸交往的政治風險。事實上，兩岸關係沒有絕對的機會大於威脅，或是威脅大於機會的固定狀態。對臺灣而言，兩岸關係始終是機會與威脅並存，而且機會與威脅的比重隨時空環境的改變而有動態的發展。

相對於中國大陸人民對於統一的高度一致性，臺灣藍綠陣營在統獨立場上有分歧、也有交集。在我看來，當前執政的民進黨口裡說的是維持現狀，心裡想的是獨立自決；國民黨說的是「九二共識、一中各表」，心裡想的是偏安。不論是追求臺獨或是維持中華民國偏安的現狀，藍綠現階段的交集就是「不統」。因為臺灣人民不論藍綠或是中間選民，都很清楚兩岸的政治制度與社會生活方式，並不相容。所以當前對臺灣最有利的兩岸戰略，就是以時間換取空間，等待時機，找到對臺灣最有利的兩岸互動模式，建立新的兩岸政治關係，以確保兩岸永續和平，造福兩岸人民。

臺灣開始總統直接民選超過二十年，歷經三次政黨輪替，民主之路雖走得吵吵鬧鬧，但全民仍珍惜民主生活方式。中國大陸則展現集權體制的優勢，國家建設突飛猛進，中國領頭積極推動一帶一路，國際影響力大增，並開始要和美國爭奪世界領導權。然而中國大陸的強勢崛起，並未改變臺灣人的態度，來自對岸的統一召喚，臺灣社會近乎無感，即使經過馬政府八年的擴大交流，兩岸人民的心靈距離依舊遙遠。關鍵就在於中國雖然日益強大，但中共的政制缺乏吸引力，整體未形成讓臺灣人民認同的普世價值觀。

若問到願不願與中國大陸統一，絕大多數臺灣人的回答還是「ＮＯ」。因為「獨立沒能力、被統不願意」，所以「維持現狀」就成為臺灣社會不分藍綠的最大公約數，無論是馬英九的「不統、不獨、不武」，還是蔡英文的「在中華民國憲政體制下維持現狀」，都是在呼應這樣的民意走向。

其實臺灣的主流民意是很務實的，根據陸委會以及政大選研中心所做的民調，廣義的維持現狀（包括「維持現狀以後視情況走向獨立」、「維持現狀以後視情況走向統一」、「永遠維持現狀」）的民意支持度始終維持在百分之六十至百分八十之間。美國杜克大學牛銘實教授曾做過二〇一二年到二〇一五年臺獨支持度的民意調查，假設「中共不會打、美國會救」，臺灣人民支持臺獨比例平均百分之七十五以上；假設「中共會打、美國不會救」，臺灣人民支持臺獨降到一成五左右，而不支持臺獨的比例高達百分之八十五左右。這反映了臺灣統獨民意相當程度受客觀環境的影響左右，基於感性認同的基本教義派是少數，絕大多數是理性務實派。

二〇二一年中共建黨一百周年，二〇四九年是中華人民共和國建政一百周年，這兩個時間點都將造成臺灣面臨中國促統壓力，因為臺灣問題不解決，中華民族就不可能偉大復興。習近平在馬習會上說，兩岸分歧不能一代拖過一代，總要解決。北大教授李義虎說，當前兩岸統一沒有時間表，但必須要有路線圖。臺灣面臨兩岸政治談判的壓力，將與日俱增。問題是，我們內部準備好了嗎？共識凝聚了嗎？如果藍綠始終對立、政黨繼續惡鬥，不論哪一個政黨執政，都不可能提出凝聚臺灣共識的談判底線與策略；即使勉強進行政治談判，如果藍綠沒有對話與溝通，政黨輪替之後談判結果必然遭到推翻。

不論藍或綠，都是生活在臺灣的生命共同體，兩岸關係帶來的衝擊影響全臺灣每一個人。因此我一向主張藍綠在兩岸關係上，應該從尖銳對立轉化為理性對話，思考兩岸關係何去何從，而非動輒指責對方賣臺傾中或是逢中必反。我們應秉持不傾中、不反中，但必須知中的原則，理性務實凝聚臺灣新共識。

臺海和平的三大法寶

中國大陸現在仍然沒有政治上的集會自由、言論自由、新聞自由、出版自由、司法不獨立，沒有真正的反對力量，沒有真正的選舉。換言之，儘管社會經濟的自由空間比以前大，但中共仍然深入滲透社會與經濟。許多人對中國能否走向民主，抱持悲觀的態度。但我認為長期來看，歷史發展沒有必然的規律，往往是許多偶然交織而成。

關於中國民主化的可能性，我認為有三個關鍵因素：一、是中國大陸社會中產階級與公民意識的發展狀態；二、中國領導人能否出現另一個「戈巴契夫」？三、臺灣的政治制度與公共治理，能否對中國大陸產生燈塔效應，發揮正面的引導力量？

孫中山是臺灣與中國大陸民眾都能接受的政治領袖。為了延伸中華民國憲政體制的合法性，中華民國政府應積極發揚孫中山的理念價值在「天下為公」與「博愛」，其政治實踐為三民主義。相較於北京選擇性定調孫中山思想為資產階級革命，並只著墨民族與民生主義，臺北應凸顯民主與人權，適時表達對中國相關議題的關切——例如六四、烏崁事件、香港政改、維權人士被捕。

第一，在民族主義方面，建立中華連結以強化兩岸互信。臺灣應該站在兩岸同屬中華民族的立場，停止去中國化的人為因素，以強化兩岸的政治互信。事實上，歷史不能割裂，文化無法清除。舉例而言，中華民國要凸顯擁有太平島的主權，就必須強調一九四七年中華民國政府所頒布的南沙諸島位置圖。

另一方面，相較於中國大陸的文化大革命，臺灣在傳統的中華文化保存上是令中國大陸人民所稱許的，例如媽祖文化、儒家思想、四書五經、宗教信仰等，都是中華文化在臺灣的發揚光大。臺灣應該發展以臺灣文化為底蘊的「包容性中華文化」，不應切割中華文化與臺灣文化的歷史臍帶，而是以包容吸納的態度，加入多元創新的元素，讓傳統中華文化再現風華，才能以軟實力號召全球華人，肯定臺灣做為華人社區實踐民主人權普世價值的領頭羊地位。

第二，在民權主義方面，堅持臺灣的自由民主與體制價值，透過兩岸政治制度的差異比較與良性競爭，爭取中國大陸人民對臺灣的理解與認同。事實上，中國大陸近年來出現「民國熱」，有為數不少的「國粉」，認同中華民國時期的國民政府。隨著中國大陸資訊傳播難以封鎖，要求中國民主化的壓力勢必越來越大，臺灣如何以善意正面的影響力量，幫助中國大陸先民主起來，兩岸統獨矛盾才有解套的可能。

中國大陸政治文化中，民族主義亦足以影響對民主的認知。民族主義是一種集體主義，個人要為群體犧牲，而民主是以個人主義為基礎，二者之間有某種程度的內在矛盾。民族主義愈強烈，民主愈難扎根，中國在經歷過去的歷史屈辱後，似乎尚未走出傷痛與陰影，而這剛好給了中共利用的機會與藉口。不論是「中華民族的偉大復興」或「中國夢」，都是訴諸於集體主義，或多或少都削弱了社會對民主的渴望。

北京領導人曾經多次提到中國夢時，不忘加上「兩岸為中華民族的偉大復興而共同努力」。北京嘗試建構兩岸命運共同體的概念，並且希望臺灣在中國夢的建構過程中扮演一定的角色。如果說北京希望臺灣成為中華文明復興過程中的一個重要參與者及貢獻者，而臺灣是否能夠或願意在中華民族復興的過程中，扮演正面、積極的角色，協助中國大陸由和平崛起走向文明崛起，那麼兩岸必須先理解「臺灣夢」。

臺灣是華人國家或社區中（包括中國大陸、臺灣、香港、澳門、新加坡），第一個實施民主政治的領頭羊。臺灣是一個包容多族群的社會（包括新移民），透過民主化的過程，逐漸凝聚成一個共同的臺灣夢。雖然臺灣的民主政治仍有這樣那樣的缺點，但在各種社會力量與舊體制相互衝撞的過程中，民主制度讓不同族群學習妥協調適與尊重包容，民主價值成為所有族群的臺灣共識。這價值體現為韓寒筆下的「臺灣人的文明素質」。

國富兵強雖然帶來集體的光榮感，但缺乏個體的人本關懷，終究難以引起臺灣人民的共鳴。如果有一天，中國大陸逐步實現民主治理的普世價值，中國夢與臺灣夢融合成兩岸共享的「中華夢」，將不再是遙不可及的夢想！

第三，堅守《中華民國憲法》。一九八〇年代臺獨運動檯面化，但經過三十年來演化，今日臺灣內部無論統獨，絕大多數人不願意「中華民國」被消滅，也是不爭的事實，中華民國成為臺灣不分藍綠的最大公約數。前總統馬英九說依照《中華民國憲法》，兩岸關係是「互不承認主權、互不否認治權」，蔡英文總統在就職演說提到新政府會依據《中華民國憲法》、《兩岸人民關係條例》處理兩岸事務。《中華民國憲法》不但是國、民兩黨總統的共識，也是臺灣未來進行兩岸政治談判的法理基石。

它的妙用在於，一九四七年國民大會通過頒布《中華民國憲法》，中國共產黨還是合法的在野黨。共產黨在一九四九年取得政權是通過軍事武力的手段，並非依照《中華民國憲法》取得政權，合法性與正當性是有疑問的。《中華民國憲法》在臺澎金馬的實施，證明中華民國政府仍然存在，並未消失，只是治權的管轄範圍縮小。《中華民國憲法》對中華民國而言，不但有一中的保護傘，更提供了中華民國政府主權獨立的金鐘罩。

我建議，無論哪一黨執政，中華民國總統應公開宣示「依照中華民國憲法，兩岸同屬中華民國」。這個宣示的意涵可以簡稱為「憲法一中各表」。如此，一方面可解除北京政權對臺北政權走向臺獨的疑慮；另一方面既然大陸地區在法理上仍屬於中華民國，《中華民國憲法》所揭櫫的自由人權與民主法治的核心價值也適用於大陸地區人民。這就提供中華民國政府與人民關心大陸地區民主改革的正當性，讓兩岸從主權的零和鬥爭，轉向兩岸制度的良性競爭。

善意、傾聽與同理心

兩岸政治互信得來不易，兩岸和平更需要雙方相向而行、細心呵護。二〇一七年三月二十二日外交部長李大維及陸委會主委張小月在立法院公開說兩岸關係不是外交關係。三月二十五日大陸海協會會長陳德銘在博鰲論壇上，對前副總統蕭萬長表示想來臺灣和金門，但應該是「以一個國家的兩個還分治著的機構授權代表的身分訪臺」。兩岸官方隔空的善意表達，使兩岸僵局出現轉機。然而，轉機能否成為實現的機遇，有待雙方持續以智慧化解僵局、累積善意。

龍應台在《傾聽》一書中寫道，「二十一世紀的香港、臺灣、中國大陸，應該開啟一個大傾聽的時代，傾聽自己身邊的人，傾聽大海對岸的人，傾聽我們不喜歡不贊成的人，傾聽前面一個時代殘酷淹滅的記憶。傾聽，是建立新的文明價值的第一個起點」。的確如此，善意、傾聽與同理心是兩岸追求永續和平不可或缺的元素！

我過去長期主張，兩岸要建構永續和平發展，必須建立紅藍綠橘的溝通對話平台，可以先從民間做起。兩岸關係和平發展需要雙方以同理心和耐心來傾聽、對話，我建議兩岸應該建立兩岸對話的多元渠道與民間平台，從中尋求創意、擴大交集，為兩岸永續和平發展鋪奠基礎工程。唯有不斷的傾聽、溝通、對話，才能改變民共關係的惡性循環，兩岸關係的永續和平才得以鞏固。

這本書的核心觀念是傾聽對話、超越顏色，因此我邀請三位來自不同政黨、長期關注兩岸關係的指標性前輩，幫我寫推薦序。他們是親民黨主席宋楚瑜博士、前海基會副董事長高孔廉博士，以及前陸委會副主委、現任國安會諮詢委員童振源博士。我要誠摯感謝他們，在百忙之中撥冗為我的拙作增添無比光彩。

同時，我也要感謝兩岸政學界的朋友，在我寫作過程中先後提供寶貴的意見。更要感謝藍海文化事業股份有限公司的編輯團隊，以及系上助理錦玉與雅媜的細心協助，才能讓這本書順利問世。

一九四五年，毛澤東經由詩人柳亞子發表了〈沁園春．雪〉，「江山如此多嬌、引無數英雄競折腰……」睥睨群雄，意氣風發，躍然紙上。但早在九百多年前，蘇東坡在〈念奴嬌．赤壁懷古〉寫道：「大江東去，浪淘盡，千古風流人物……」。大歷史下的英雄人物，就如蒼海一粟，終究會淡出歷史長河，如何留下海峽兩岸永續和平的制度性遺產，才是造福百姓蒼生！

但願本書能給所有關心兩岸關係的讀者，引起一些共鳴。

李允傑　謹識於新北市河上洲

目次

Part 1

兩岸能否相向而行？

Part 2

民共僵局是宿命？

Part 3

臺灣的內外挑戰

Part 4

超越藍綠的格局與高度

Part 5

建立兩岸永續和平

Part 1

兩岸能否相向而行？

1.1 馬習會後兩岸的變局或新局？

壹、馬習會啟動兩岸政治對話

馬習會是兩岸分治六十六年來的重大歷史突破。兩岸領導人的會面，象徵著向國際宣示兩岸彼此互不否認政治實體的重大里程碑。嚴格說起來，馬習會是一九四五年國共兩黨領導人蔣毛在重慶會談七十年後，兩岸領導人首度會面。

不同的是，重慶談判時，國共兩黨為了爭奪中原江山，各懷鬼胎，會談中毛澤東高喊「蔣委員長萬歲」，會後《雙十協定》形同廢紙，內戰悲劇終究無法阻止。如今兩岸領導人的會面，除了國共兩黨之外，多了一個重要的利害關係人——民進黨。藍綠之間存在爭奪臺灣政權的矛盾，而藍綠與紅之間存在國家主權的大小矛盾，三國演義般的關係讓馬習會更顯劇情張力。

馬習會對兩岸關係有兩個重大意義。第一，馬習會確立了兩岸之間「一中各表」的事實存在。馬習會在「一中原則」下舉行，但互不稱「中華人民共和國主席／中華民國總統」，卻在實際上實現了總統與主席的會面，互稱「兩岸領導人」。事實上這個場景已接近相互接受為「政治實體」，否則即不能「互以兩岸領導人的身分」會面。馬習會是一中架構下兩個分治政治實體的最高層級互動，賦予九二共識更大的開展性與生命力。對北京而言「兩岸一中」是兩岸的連結點；對臺北而言，「一中各表」是維護兩岸主體性。

第二，兩岸政治對話的啟動。馬習會最大的意義，就是兩岸間政治對話的啟動，不僅超越過去的二軌溝通軌道，層次甚至還比一軌要高，因為這已是最高領導人的直接對話。這也意謂著，兩岸進入了政治對話，所以兩岸間任何的政治議題都不再是禁忌了。

北京藉著馬習會，要蔡英文對九二共識表態。但要民進黨完全接受九二共識是不太可能，主要有兩個原因：第一，九二共識是國民黨政府所遺留下來的歷史遺產，基於政黨品牌定位與選票考量，民進黨不可能照單全收。第二，臺灣方面主張的九二共識內涵是「一中各表」；而中國大陸所說的內涵只有「一中原則」也就是「一中不表」。因此民進黨認為九二共識是「沒有共識的共識」。前總統馬英九在馬習會公開致詞沒有說出「一中各表」，民進黨許多重量級的政治人物（包括謝長廷、陳菊等人）都表達惋惜遺憾。

馬前總統在馬習會公開致詞不提中華民國，可以理解。因為中國大陸不提中華人民共和國，臺灣也不提，符合對等原則。然而，一中各表卻是臺灣方面應該要提的關鍵密碼！理由很簡單。首先，馬前總統在行前記者會表示，希望透過馬習會的舉行讓兩岸領導人會晤常態化邁出第一步，也是為下一任的中華民國總統搭橋。不論哪一政黨候選人當選總統，很顯然的，一中各表的可行性比一中原則高。當初洪秀柱提一中同表，馬前總統認為應該回到國民黨「九二共識、一中各表」的一貫立場。換言之，一中各表是臺灣內部藍綠比較有交集的共識。

貳、蔡習會不會？

經過「馬習會」的歷史時刻，兩岸關係發展的確推進到新的政治里程碑，「只經不政」或「先經後政」的原有現狀其實已經正式邁進兩岸政治對話、協商的新時代。「馬習會」的結果雖然無法盡如人意，但兩岸領導人會談的政治意義卻已深植人心。兩岸和平發展的政治道路不該也不能有所逆轉，臺灣縱使再度政黨輪替，兩岸領導人或執政當局都應該有共同的責任與義務，必須努力維持臺海和平的穩定與發展，繼續推動兩岸的互動、交流與合作。

蔡英文在面臨即將執政的關鍵時刻，除了提出「維持兩岸現狀」與「遵循中華民國憲政體制」的論述外，也願意主動拋出不排除「蔡習會」與「選後兩岸政治溝通」的新思維，展現對中國大陸的善意，以更加理性、務實的態度來面對選後兩岸的新形勢。

民共之間縱使政治互信比較薄弱，也缺乏共同的政治基礎，但做為負責任的可能執政領導人，必須誠實面對民共對立的政治僵局，尋求新的政治解套契機，以更積極的態度找到雙方可以忍受或諒解的政治替代方案來對接「一中問題框架」。「中華民國憲政體制說」是個新的政治嘗試與開端，如何用更具體且精確的政治論述及宣示來體現「一中」的核心意涵及政治意義？

中國大陸方面比較不擔心民進黨會往「法理臺獨」的方向走，但對於民進黨會不會配合美、日搞圍堵中國大陸的「政治同盟」感到憂慮，甚至對民進黨執政後對於《海峽兩岸服務貿易協議》（簡稱《服貿》）、《海峽兩岸貨品貿易協議》（簡稱《貨貿》）、加入亞洲基礎設施投資銀行（簡稱「亞投行」）、加入跨太平洋夥伴關係（The Trans-Pacific Partnership, TPP）、《區域全面經濟夥伴關係協定》（Regional Comprehensive Economic Partnership, RCEP）、兩岸互設辦事處等具體議題的可能想法相當關心，認為是否有可能朝向柔性臺獨、文化臺獨及和平臺獨的方向發展？這些問題都是民進黨主政後必須面對且具體攤牌的對中政策檢驗標準，民進黨能否改變思維、調整心態並展現具體的善意訊息？

蔡英文當選後的兩岸關係發展走向，不僅是相當嚴肅且重大的政治考驗，臺灣如何在「親美、友日、和中」的政治戰略平衡賽局中維繫住自己的生存命脈？蔡英文又如何在「馬習會」後框定兩岸維持現狀的架構下，找到可以讓中國大陸當局「勉為接受」的政治替代方案？或許是蔡英文相當兩難的政治抉擇與挑戰，但卻是蔡總統必須面臨的兩岸新局勢！

馬習會開啟兩岸領導人的政治對話，「蔡習會」能否舉行，將決定兩岸的政治對話是持續走下去？還是戛然而止？完全取決於兩岸領導人能否相向而行。馬習會向蔡英文展示的是，兩岸必須有共同的政治基礎，才可能有蔡習會。一方面，蔡英文在選後提出新的兩岸關係論述，必須向九二共識靠攏；另一方面，北京在國際戰略的思考下，必須展現較大的彈性，雙方才能找到妥協的平衡點。

我個人的看法，蔡英文應提出的論述是「現在一中各表、未來民主一中」，這個論述某種意義上向《國統綱領》靠攏，臺灣內部藍綠有共識（強調民主），北京可以容忍（體現一中），紅藍綠之間找到交集。事實上蔡英文擔任陸委會主委在立院答詢的時候，曾說出九二共識就是「各自表述一個中國，一個中國就是中華民國」。

早在二〇〇〇年五月陳水扁的就職演說，就提議以「民主原則」處理兩岸的問題：「兩岸應該秉持民主對等的原則，在既有的基礎之上，以善意營造合作的條件，共同處理未來『一個中國』的問題。」

從兩岸和平發展的戰略高度思考，蔡習會若能實現，意味著兩岸政治對話繼續開展，也意味民共正式互動關係的確立，有助於將民進黨主流意見拉回中華民族復興的道路上，無形中也邊緣化臺獨基本教義派的影響力，某種意義上來看，這是習近平在兩岸關係對臺政策上的重大突破與進展。

參、正視「中華民國」有利於推動兩岸政治談判

二〇一二年九月，中共十八大政治報告的涉臺部分：「希望（兩岸）雙方共同努力，探討國家尚未統一特殊情況下的兩岸政治關係，做出合情合理的安排；商談建立兩岸軍事安全互信機制，穩定臺海局勢；協商達成兩岸和平協議，開創兩岸關係和平發展新前景。」又稱：「中國大陸和臺灣

雖然尚未統一，但兩岸同屬一個中國的事實從未改變。」

北京當局提出中華民族偉大復興的中國夢，希望兩岸的和平發展走向終極統一，共圓中國夢。從二〇〇八年兩岸恢復兩會協商，北京的對臺工作積極而綿密。從經濟的讓利、社會文化擴大交流、加強推動三中一青工作，可以說中國大陸對臺工作相當積極用心。

然而兩岸越交流合作，臺灣人民支持統一的民意不增反減。兩岸經濟實力差距急速拉大，國家認同與統獨目標卻反差擴大。一九九二年，中國大陸國內生產總值（Gross Domestic Product, GDP）是臺灣的二點二倍，二〇一四年已經擴大到十九點二倍。相對的，臺灣人認同指數（臺灣人認同減中國人認同）從一九九二年的負百分之七點九增加到二〇一四年的百分之五十七點一；臺灣人「拒統指數」（臺灣人民堅定拒絕統一的比例）從一九九四年的百分之二十點九，增加到二〇一四年的百分之四十九點一，都是歷史新高。

北京的對臺政策之所以「事與願違」，是因為沒有對症下藥，沒有抓住臺灣民心，對臺工作出現了矛盾與盲點！兩岸同胞的心靈契合，有助於兩岸和平協議的開啟，本文提出三帖藥方，供兩岸關心和平發展的有識之士參考指正。

第一個沒有對症下藥的矛盾是，正視「中華民國」有利於推動兩岸政治談判，但北京的實際作為卻背道而馳！二〇一三年六月十三日，習近平接見國民黨榮譽主席吳伯雄時說：「我們追求的統一，不僅是形式上的統一，更重要的是兩岸同胞的心靈契合，我們有耐心等待。」此後，習近平多次提及「心靈契合」，陸方涉臺評論也經常引用。二〇一五年五月四日，習近平接見國民黨主席朱立倫時說：「探討建構維護兩岸關係和平發展的制度框架。」這是他首度提出「制度框架」。

以「合情合理」做為兩岸政治關係的準據，是胡錦濤政府十年間的創造與發展；習近平政府的「心靈契合」與「制度框架」，則可謂為「合情合理」增添了內涵，並指出了路徑。

二〇一二年三月，胡錦濤總書記會見國民黨榮譽主席吳伯雄。胡錦濤說：「確認（中國大陸和臺灣同屬一個中國）這一事實，符合兩岸現行規定，應是雙方都可以做到的。」吳伯雄則說：「根據雙方現行體制和相關規定，兩岸都堅持一個中國。」這顯然是以《中華民國憲法》與《中華人民共和國憲法》來確立「一中架構」。但憲法就叫憲法，何必隱諱改稱「現行規定」？

又要一中憲法，又不肯叫憲法，反映兩岸關係現狀下《中華民國憲法》的困境。雙方援引「現行規定」，是因若要維持「一中架構」，反對「法理臺獨」，必須立足在中華民國的「憲法法理」之上。北京清楚，無《中華民國憲法》，即不能維繫中華民國；但又要臺灣護守《中華民國憲法》，卻只肯稱其為「現行規定」。這是否合情合理？

北京過去一貫主張「中華民國在一九四九年已經消失了」，使中華民國政府在國際空間失去自尊繼而喪失自信，失去了對中國的認同感、民族責任心與「我群感」，進而失去了給臺灣人民一個維繫「中國認同」的合情合理之基礎。

北京的「去中華民國化」，在臺灣的效應就是「去中國化」，臺灣人民的「中國認同」亦日趨淡漠疏離。在「兩岸尚未統一」的情態中，北京若欲臺灣人民「以維持中華民國，來維持中國連結」，則中華民國自應在「一中框架」中有合情合理的地位。否則，當臺灣人民不能經由中華民國來維持其中國認同的「心靈」，「契合」即是緣木求魚。

臺灣的「中華民國意識」之耗弱與掏空，與中共的「去中華民國化」有必然關聯。事實上，中華民國是兩岸人民認同一中的連結臍帶，通過《中華民國憲法》與歷史記憶，臺灣人民才能夠將臺灣認同連結到中華民族認同，也才能與中國認同形成一種包容交集狀態，而非互斥對立的現況。

從辯證法與漸進主義（incrementalism）的觀點來看，北京若能接受「階段性兩個中國」，畢竟同是中國，終將合在一起；若反對「兩個中國」，導致中華民國去中國化，臺灣人民的中國認同逐漸淡化消失，被臺灣認同所取代，反不利於兩岸統合。

肆、推動兩岸政治談判　需要藍綠對話和解

多年來臺灣方面多次呼籲中國大陸要正視中華民國的存在，北京始終「有討論，沒結論」。北京顧慮的是一旦承認中華民國，兩個中國將會永固定型化，兩岸統一將遙遙無期。因此，北京主張通過政治談判，來解決兩岸在尚未統一的情況下的政治關係安排。北京領導人多次提出兩岸政治談

判，什麼都可以談。

然而，第二個矛盾是，若要有利於推動政治談判、簽署和平協議，北京應該鼓勵藍綠對話和解。中國大陸多次呼籲兩岸簽署和平協議，但臺灣內部沒有共識、互扯後腿，和平協議就不可能有簽署的一天。只要臺灣藍綠對立激化，缺乏對話溝通的平台，和平協議在臺灣就只能成為政治動員的口號，不可能落實為臺灣朝野推動的共識。從兩岸和平發展大局的戰略高度與可操作性來看，中國大陸應該要鼓勵藍綠對話和解，而非將民進黨視為敵我矛盾的對象，執行「拉藍打綠」的策略。

這就涉及到一個重大問題：如果民進黨在二〇一六年重返執政，北京該如何解讀大選結果？北京可以視民進黨勝選為對臺政策重大挫敗，採取一連串凍結抵制的作為（例如使臺灣出現雪崩式斷交），把蔡英文往中間調整的立場，推回激進獨派的懷抱，刺激臺灣民族主義對抗中國民族主義，兩岸自二〇〇八年以來的和平發展局面將倒退二十年。

另一個選擇是，北京把蔡英文選前主張維持中華民國憲政體制現狀，視為北京對臺工作重大勝利。一個原本主張臺獨的政黨，調整為接受中華民國法統的政黨，實質意義上就是「不獨」（不尋求法理臺獨）。

選後北京可以先「聽其言、觀其行」，再決定是否透過良性善意的互動，讓蔡英文不至於退回深綠立場。當然，現階段要求蔡英文說出如國民黨般的「反對臺獨」，那是不現實，也是強人所難。當臺灣的藍綠政黨在中華民國憲政基礎上有共識，兩岸和平協議開展的可行性就大幅提升。

在二〇〇四年五月的就職演說，陳水扁再次闡述：「臺灣是一個完全自由民主的社會，沒有任何個人或政黨可以代替人民做出最後的選擇。如果兩岸之間能夠本於善意，共同營造一個『和平發展、自由選擇』的環境，未來中華民國與中華人民共和國或者臺灣與中國之間，將發展任何形式的關係，只要兩千三百萬臺灣人民同意，我們都不排除。」

蔡英文兩岸政策向務實面移動，貼近馬前總統「九二共識、一中各表」和「互不承認主權、互不否認治權」的主張。馬前總統曾宣示若有兩岸和平協議，必以公投行之，否則現狀就是「不統不獨」。蔡英文的維持憲政體制現狀說，加上她過去多次強調未來兩岸政治關係的選擇，將尊重臺灣人民的意志，這個說法在實質上幾乎等同於馬前總統的主張。

換句話說，臺灣藍綠政黨都主張，兩岸關係的未來發展是開放性的，只要得到臺灣人民同意，臺灣可以接受任何形式的兩岸新政治關係。北京希望兩岸實現統一，應該以文明價值說服臺灣人民，過程必須是民主與和平的方式，結果應是兩岸雙贏與共榮。兩岸政府必須以人民幸福為出發點，來務實思考與解決兩岸問題。

在臺灣內部沒有共識，兩岸缺乏互信的情況下，兩岸政治談判無法啟動，根本無法簽署和平協議，建構兩岸和平發展制度性框架。兩岸關係發展需要雙方以同理心和耐心來呵護，我建議兩岸應該建立紅藍綠橘對話的多元渠道與民間平台，從中尋求創意、擴大交集，凝聚共識，為和平協議鋪奠基礎工程。

伍、北京對臺青年工作的盲點

第三個矛盾是，北京對臺工作的結構性盲點。舉例而言，中國大陸近年非常重視兩岸青年交流工作，辦了非常多的青年論壇及旅遊活動，包括青年創業園區向臺灣青年招手等等。兩岸青年創業、教育、文化的交流固然重要，但還有更重要的因素影響臺灣青年面對中國的態度。

太陽花學運反對兩岸經濟一體化，要求兩岸協議的監督與透明化，對兩岸關係帶來極大的衝擊。臺灣青年恐中意識，是造成二〇一四年九合一選舉國民黨大敗的一個重要因素。我們可以理解，處於悶時代的年輕人，面臨低薪、失業與高房價，他們害怕陸資、陸勞大舉入臺，充滿了高度焦慮及恐懼感。這種恐懼感透過傳播擴散，形成虛擬的恐懼浪潮，掩蓋了真相與理性討論的空間。

面對太陽花學運激烈的民意反彈，中國大陸政府可能是最感到莫名其妙的一方。《服貿協議》本是中國大陸送給臺灣的一份大禮，何以落得這般田地？

若單從經濟面來看，財團和大企業往往是兩岸經貿往來的最大贏家，一般臺灣基層民眾很少能從中獲益，使得他們對中國大陸的讓利普遍無感。因此，通過高層互動達成的經濟讓利來促進整合的方式，遇到了瓶頸。這次由臺灣青年掀起的軒然大波，是否將使中國大陸政府更加具體地意識到對臺工作的盲點，並在今後制定政策時引以為鑑？畢竟兩岸關係的和平、穩定乃至共同繁榮，都需要中國大陸政府傾聽臺灣民眾的聲音。

親民黨主席宋楚瑜在「宋習會」上提出「四個體諒」；中共總書記習近平回應「四個不變」與「三中一青」，在臺灣輿論獲得廣大迴響。值得注意的是，習近平在談話中強調「經濟融合有利兩岸互利雙贏」。二〇一四年在博鰲蕭李會，李克強也提及「促進經濟融合，有利於為臺灣參與區域經濟合作創造更好的條件」。

中共領導人的說法，從過去的經濟合作轉為「經濟融合」，但這恰恰是太陽花學運所疑慮的「兩岸經濟一體化」。太陽花學運的青年，部分是反對《服貿》黑箱程序；有部分是反對兩岸經濟一體化。反對經濟一體化的原因，不是經濟層面，而是政治社會心理因素。一方面，《服貿協議》會帶來兩岸的人員流動，令臺灣年輕人擔心未來生活周遭充滿陸幹、陸勞；另一方面，是害怕臺灣經濟過於依賴中國大陸，導致在政治上逐漸受中國大陸控制。

有學者稱臺灣一九七〇年後出生的年輕人是「網路原住民」，從小就習慣生活在網路世界，網路就是他們的陽光與空氣。臺灣青年對於網路管制的中國大陸，在先天上難有好感。

太陽花學運反《服貿》，除了經濟因素，更重要的是政治疑慮：他們擔心兩岸經濟一體化後，臺灣會成為下一個香港。享有言論自由的臺灣青年，最擔心的是，經濟依賴將構成網路與思想言論的干涉。兩岸青年越交流，臺灣青年越拒統，問題的核心在於中國網路管制與臺灣的國際空間。尤其香港占中運動的發展，更讓臺灣青年恐中情結加深。

兩岸交流開放九年多，根據《旺報》二〇一三年八月間所做的一份民調顯示，臺灣民眾對中國大陸的瞭解依然不足，雖然逾六成民眾認為中國大陸對臺灣很重要，但七成左右表示不瞭解中國大陸；超過六成民眾對中國大陸沒有好感，有七成民眾希望嚴格限制中國大陸錢潮、人潮入臺。顯見臺灣民眾對於中國大陸的潛在威脅仍存在著深沉的恐懼感。

兩岸交往，中國大陸強調民族大義，常說兩岸是一家人；但臺灣人民更在乎的是民生與民權。臺灣人民歡迎兩岸經濟合作；但有過半的臺灣人民希望政治上維持現狀，保持距離，因為對中國大陸政治體制仍有疑慮。

兩岸在經濟上有共同利益基礎，但政治與社會價值仍存在巨大的鴻溝，這是進入政治談判關鍵障礙。兩岸關係的發展應該從線性思考，轉為非線性思考：亦即藉由中華民族這個大框架，讓兩岸社會深入交流與相互理解，逐步縮小兩岸「民主治理」的落差，建立兩岸和平發展的「精神基礎」，也就是習近平強調的「心靈契合」。

陸、兩岸和平發展的關鍵：民心

過去數十年來，許多人奔走兩岸，都想要為兩岸政治難題尋求答案，推動政治談判，但終究是空中樓閣，徒勞無功。最主要的關鍵是缺少打開政治僵局的兩把鑰匙：「正視中華民國」與「拉近兩岸的政治社會差距」。

中國大陸政協主席俞正聲日前接受媒體專訪時說：「民心到，事情就成；民心不到，急著做某些事，就適得其反。」確實如此，兩岸政府進行政治談判的東風，就在民心，特別是臺灣的民心。他說：合情合理安排兩岸在國家尚未統一前的政治關係，是一個「進行式」。這是一個「實踐的過程」，需要不斷探索商討，沒有現成的模式，需要兩岸民眾能夠接受，取決於兩岸雙方相向而行共同努力。

根據臺灣競爭力論壇二〇一六年所發布的國族認同民調結果顯示，在民族認同上，臺灣民眾對兩岸的血緣歷史、語言文化、民俗宗教有高度認同；但在國家（state）認同上，臺灣社會最大公約數是中華民國。另一方面，臺灣民眾對兩岸關係的認知是相當理性務實，未被中國大陸經濟的崛起所迷惑；認為兩岸最大分歧是「社會生活與價值觀」、「意識形態與制度」。兩者都涉及兩岸現實政治制度的歧異。

兩岸政治社會差距的拉近，涉及民主治理與政治改革。但中國大陸人口眾多，區域差異性大，北京強調絕不會照抄照搬西方的制度，堅持中國特色的社會主義發展道路。兩岸社會在人權民主的差距，絕不是五年、十年就可以拉近的，兩岸需要的是時間與同理心。如果有一天，這個社會差距縮小，兩岸的制度與價值觀相近且相通，意識形態與制度也不再對立矛盾，再談統合或統一，就不會是無解僵局。

鞏固深化兩岸關係和平發展的方法，是從兩岸的政治、經濟、文化、社會基礎四個方向。目前經濟認同是最容易著力的一個方面；中華文化的認同也是強化兩岸和平發展的精神基礎和價值紐帶；社會認同方面，兩岸應建立更多、更緊密的姐妹市，以便建構兩岸地方政府之間，定期、長期、有效的交往與合作，進行地方發展的策略聯盟，更進一步有效的整合兩岸地方的精英和人民，強化兩岸民眾的社會認同。

政治認同是當前兩岸認同中最困難、也最關鍵的一部分，我們必須看清當前兩岸關係政策作為的障礙盲點，障礙盲點不消除，就很難期待兩岸關係的突破與提升。

兩岸需要的是時間與同理心，以拉近彼此的社會差距。如果有一天，這個社會差距不再，兩岸的生活與價值觀相近且相融，意識形態與制度也不再有衝突，再談統獨，就不會是難事。反之，社會生活仍有距離，而價值觀與生活方式還有很大差距的時候，貿然談兩岸要如何統一，誰來治理誰，都會是一種悲劇。

毛澤東在〈沁園春．雪〉中寫道「江山如此多嬌，引無數英雄盡折腰」。習近平在「吳習會」中表示，「（兩岸）形式的統一，更需要心靈的契合」，說得一點不錯。從大歷史來看，兩岸關係和平發展的關鍵，不在江山（主權），而在民心！

兩岸和平協議之命運，客觀上受到兩岸三黨（紅、藍、綠）小三角與中美臺大三角關係的制約，但能開啟和平協議的關鍵鑰匙，仍取決於兩岸人民心靈的契合度！

1.2 四個月決定四年

民進黨同時在總統與國會獲得壓倒性的勝利，勝選之後，蔡英文面臨最大的考驗，就是兩岸關係。北京會如何解讀這次大選結果？

臺灣大選的結果主要是內政經濟因素決定，而非兩岸關係的挫敗。北京應持淡定的態度，將政黨輪替視為臺灣民主政治的新常態。更何況蔡英文訪美時曾強調，將在「二十多年來協商和交流互動所累積的堅實基礎上」推動兩岸關係和平穩定發展，刻意在兩岸政策上貼近馬政府，在大選中淡化兩岸路線的分歧。因此，二〇一六大選的結果不能解讀為臺灣人民的統獨公投。

當然，選前周子瑜道歉對青年選票有相當的衝擊，改變了部分選情膠著的立委選區結果，但影響大選的主要因素還是內政經濟與分配正義的問題。

北京可以視民進黨勝選為對臺政策重大挫敗，採取一連串凍結抵制的作為（例如使臺灣出現雪崩式斷交），把蔡英文往中間調整的立場，推回激進獨派的懷抱，刺激臺灣民族主義對抗中國民族主義，兩岸自二〇〇八年以來的和平發展局面將倒退二十年。

尋求政治解套契機

另一個選擇是，北京把蔡英文主張維持中華民國憲政體制現狀，視為北京對臺工作重大勝利。一個原本主張臺獨的政黨，調整為接受中華民國體制的政黨，實質意義上就是「不獨」（不尋求法理臺獨）。

蔡英文提出「臺灣共識取代九二共識」，反對「限縮臺灣人民自由選擇權」，基本上是一種「只談程序，不談實質」的模糊策略，與中共要求的一中實質內涵有落差，有利於選票的爭取；不利於民共的對話。

民共之間縱使政治互信比較薄弱，也缺乏共同的政治基礎，但做為負責任的執政者，必須誠實面對民共對立的政治僵局，尋求新的政治解套契機，以更積極的態度找到雙方可以忍受或諒解的政治替代方案來回應北京「一中框架」的壓力。蔡英文在選前釋出不排除「蔡習會」與「選後兩岸政治溝通」的訊息，展現對中國大陸的善意，以理性務實的態度來面對選後兩岸的新形勢。

北京很清楚民進黨不會接受九二共識（視為國民黨的專利品），想另創「一六共識」新品牌。蔡的論述能否如同柯P般的用「尊重理解」來帶過？北京顯然會有較複雜考量。畢竟總統層級與地方首長不同，中國必須衡量國際戰略上的情勢與考量未來藍軍是否有重返執政的可能等。這些因素將決定民共之間政治溝通標準的寬嚴。

馬習會向蔡英文展示的是，兩岸必須有共同的政治基礎，才可能有蔡習會。一方面，蔡英文在選後提出新的兩岸關係論述，必須向九二共識的實質內涵靠攏；另一方面，北京在國際戰略的思考下，必須展現較大的彈性，雙方才能找到妥協的平衡點。從二〇一六年一月十六日到五月二十日這四個月，將是決定未來四年兩岸關係走向的關鍵期！

1.3 兩岸習題　習蔡能否相向而行

美國亞太副助理國務卿董雲裳近日在國會聽證會上表示，美方期盼中國大陸應該與臺灣新政府持續互動。她轉述中方官員在回應時說，要看看蔡英文會就此提出什麼建議？

選後蔡英文表示理解和尊重一九九二年兩岸兩會達成了若干的共同認知與諒解的歷史事實。蔡英文對既有政治基礎做了四點解釋，但北京更關心蔡英文的「既有政治基礎」，是否包括「九二共識」或其「兩岸同屬一中」的核心內涵？

要蔡英文說出「兩岸同屬一個中國」，就客觀環境而言，顯得更加困難。民共雙方都認為時間站在自己這邊。站在北京的立場，中國在國際上的綜合國力上升，對臺籌碼增加，當然不願意臺灣每一次政黨輪替，兩岸的共同政治基礎就打折扣，因此堅定立場，反覆重申兩岸政治基礎的核心意涵和重要性。

對民進黨來說，大選新民意（加上周子瑜事件）展現臺灣拒統民意高漲，更加鞏固民進黨對九二共識與一中的排斥態度。從一九九〇年代到民進黨執政第一任期間，中國大陸對臺政策僵化（一國兩制），造就本土意識的反中社會基礎。二〇〇八年後，快速發展的兩岸民間互動，讓兩岸人民從想像的敵對到近身的摩擦，生活習慣的差異與政經利益的衝突相互糾結，以及香港經驗負面效應的擴散，擴大臺灣社會「恐中、反中」的社會基礎。當前臺灣的時空環境與民意結構，限制了蔡英文在兩岸論述轉身的空間。

可以說，兩岸客觀環境風險升高，中國民族主義與臺灣主體意識隨時有對撞的可能。兩岸關係何去何從？最簡單而民粹的選擇是採取「對抗邏輯」——藍綠對抗、兩岸對抗，最後升高為臺灣民族主義與中國民族主義的對撞，造成兩岸和平發展的重大挫折崩解，更是中華民族的悲劇。

兩岸關係固然受制於國內與國際政經因素的制約，但領導人的耐心、創意與智慧仍然可以起到關鍵的作用。當前習、蔡主觀態度是理性務實、善意自制。北京正在聽其言、觀其行，將仔細檢視蔡英文五二〇就職演說的兩岸論述。未來民進黨執政的兩岸關係不僅是小英的習題，也是習近平的「習題」。

兩岸當局在國家主權的糾結爭執已超過一甲子，何妨放大歷史格局、提升價值層次，以「兩岸同屬一個中華（民族）」為起點，在民主和平與對等尊嚴的原則下，尋求未來兩岸的統合，共同締造中華民族的偉大復興。

臺灣政黨輪替已成為新常態，習蔡應避免重蹈阿扁執政的覆轍，不要讓每次民共交手的結果是兩岸震盪、人民受難。習近平當深入理解臺灣人民對於當家作主與自由民主制度的堅持；蔡英文應體會近代中華民族的歷史苦難，共同用同理心，以兩岸蒼生為念，相向而行。

1.4 兩岸的十字路口

隨著五二〇逼近，北京對「九二共識」的表態施壓，相對於臺灣新執政團隊的冷處理，似顯示雙方分歧難以妥協。如今，兩岸關係又站在歷史的十字路口，兩岸關係何去何從，全世界屏息以待。

九二共識在兩岸之間，本質就是「一個共識，各自表述」。對北京而言，九二共識是兩岸對一個中國的共識；對臺北而言，九二共識是「一個中國，各自表述」，形同各說各話。北京要的是「一中」象徵意義；臺北要的是「各表」的空間，彼此都滿足對內交代的政治需要，兩岸才能擱置主權爭議，進行協商互動。從實質內涵而言，一九九二年兩岸真正達成的共識點是「擱置爭議、求同存異」。

海基會前董事長辜振甫的回憶錄《勁寒梅香》書中指出，用「九二諒解」比較恰當。因為雙方對「一個中國」的原則有共識，但對「一個中國」的內涵沒有共識。

如今兩岸關係又面臨新的歷史關鍵時刻，中國大陸基於對臺灣新政府的不信任，把堅持「九二共識」視為維繫兩岸關係的共同政治基礎。

北京也清楚，在臺灣新民意氛圍下，要蔡英文接受「九二共識」的難度很高，因此釋放訊息表示只要新執政團隊能說明兩岸關係性質，確認兩岸不是國與國的關係，即使不用「九二共識」名稱，或者以《中華民國憲法》來表述，中國大陸雖不滿意但也能接受。

憲政體制說的第一個善意是憲法增修條文。增修條文將國家分為自由地區與中國大陸地區，前言還有「國家統一前」的文字，是不折不扣的一中憲法。

第二個善意是憲政釋文。具體例子是大法官釋字三二九號，該號解釋聲請背景關於辜汪四項協議於簽署後是否需要送立法院審議的爭議。解釋文明確將「條約」定義為我國與其他國家或國際組織締結的書面協定；至於兩岸協議並非國際書面協定。這個釋字明確化兩岸關係不是國與國關係。

兩岸當局若能重新回顧當年辜汪會談歷史，延續辜汪會談展現的「妥協與善意」，關照對方所關切的核心利益，或能為兩岸再闢新章。

對蔡英文政府而言，遵守《中華民國憲法》是化解僵局的出路。五二〇就職演說的關鍵論述「我將在中華民國現行憲政體制下，依循憲法與普遍民意，持續推動兩岸關係的和平穩定發展」，加入憲法二字，絕對有穩定兩岸的積極作用。

對北京而言，臺灣政黨輪替已成新常態，中國大陸的兩岸戰略思考，是要鼓勵民進黨中間務實路線的抬頭？還是要死守九二共識四個字，步步進逼，冒著把蔡英文推向深綠、兩岸關係倒退崩解的風險？在兩岸關係的關鍵歷史節點，北京應有與時俱進的思維。

1.5 兩岸關係和平發展的戰略思考：一步到位？還是漸進而行？

壹、五二〇就職演說後的轉折

針對五二〇蔡英文總統就職演說，中國大陸方面從五二〇中午到下午四點，解讀重點前後不太相同的轉折回應，讓臺灣各界頗有峰迴路轉、急轉直下的錯愕感受。

蔡英文演說大約在早上十一點三十五分進入兩岸關係部分，《聯合報》很快就在十二點二十五分發出新聞，專訪中國大陸涉臺核心智囊、中國社科院台研所所長周志懷，周表示中國大陸對蔡的講話做了善意解讀：「中國大陸注意到蔡出現新的表述」、「符合與中國大陸相向而行的一步。就是在五二〇之後，蔡的演說為兩岸當前的破冰創造了一個條件」。在周志懷之後，中國大陸涉臺學者也針對蔡英文演說，陸續傳出肯定之聲，例如廈門大學台研所所長劉國深，表示「蔡英文演說是正面表述，讓兩岸關係穩下來了」；全國台研會常務副秘書長楊幽燕認為「蔡英文的表述具有一定積極意義」；上海國際問題研究院副院長嚴安林也表示「蔡英文比民進黨原有的立場有進步」。

但好景不長，隨後兩岸情勢開始逆轉，大約在五二〇當天下午四點十分，中國大陸國臺辦「突然」發表嚴正聲明，定位蔡英文演說是「一份沒有完成的答卷」，表示「在兩岸關係性質這一根本問題上採取模糊態度，沒有明確承認『九二共識』和認同其核心意涵，沒有提出確保兩岸關係和平穩定發展的具體辦法」。

貳、如何解讀蔡英文五二〇就職演說

蔡英文就職演說提到，新政府會依據《中華民國憲法》、《兩岸人民關係條例》處理兩岸事務。尤其《兩岸人民關係條例》的名稱與總則，是針對國家統一前兩岸人民往來，說明兩岸關係定位不是國與國的關係，而是一國兩區，幾乎是馬規蔡隨，體現九二共識的實質內涵。臺灣方面研究兩岸關係的學者（不論藍綠背景）與中國大陸知名學者多持肯定態度。

仔細看蔡英文就職演說內容，顯然蔡英文尊重親民黨主席宋楚瑜的意見。三次蔡宋會，宋楚瑜建議「以中華民國為最大公約數，遵守《中華民國憲法》與憲政體制，才能反映臺灣真正主流民意，符合大家共同利益」，這些話蔡英文都聽進去了。

《中華民國憲法》第四條提到固有疆域，就是一中憲法；《兩岸人民關係條例》名稱與總則，是針對國家統一前規範兩岸人民往來，條例名稱是臺灣地區與中國大陸地區，這說明兩岸關係定位是一國兩區，不是國與國關係，裡面善意很清楚。

相對於民進黨人士過去經常不向國旗與國父遺像行禮、刻意不唱完國歌，蔡英文在交接儀式的表現以及就職演說的內容，確實踐履中華民國憲政體制。尤其她提出兩岸四項政治基礎之中的中華民國現行憲政體制，還特地加上「現行」兩字，意指她不會修憲。

演說提到「積極參與多邊及雙邊經濟合作及自由貿易談判」，舉例「包括TPP、RCEP等，並且推動新南向政策」。在第五部分「外交與全球性議題」，強調要「讓臺灣走向世界，也要讓世界走進臺灣」，提到「我們會加入全球議題的價值同盟，繼續深化與包括美國、日本、歐洲在內的友好民主國家的關係，在共同的價值基礎上，推動全方位的合作」，凸顯出親美日的「民主價值同盟」思維，這些說法讓北京感到不快。

但另一方面，在「區域的和平穩定發展及兩岸關係」部分，蔡公開正式表示願與對岸尋求和解與合作，提到「新政府要承擔的第四件事情，是區域的和平穩定與發展，以及妥善處理兩岸關係」，更進一步表示「我們也願意和對岸，就共同參與區域發展的相關議題，坦誠交換意見，尋求各種合作與協力的可能性」。

尤其，當東海與南海爭議不斷升高之際，蔡除公開表達捍衛中華民國的主權與領土，主張「擱置爭議，共同開發」立場，也以某種間接方式傳達她所領導的新政府並無意加入反中（中國大陸）包圍圈。

相對於馬英九的「不統、不獨、不武」，蔡英文釋放很清楚訊息就是「不獨、不武、不反中」。從陳水扁的「未來一中論」、馬英九的「和平協議公投論」到蔡英文的「自由選擇權」，臺灣藍綠政黨都主張，兩岸關係的未來發展是開放性的。蔡英文並未像馬英九特別強調「不統」，弦外之音是，只要得到臺灣人民同意，臺灣可以接受任何形式的兩岸政治關係的建立，這反而是兩岸和平發展的機會之窗。北京應該體認，臺灣是民主選舉社會，兩岸關係的發展關鍵在「尊重民意」，也就是習近平強調的兩岸人民的心靈契合。

然而，中南海對蔡英文演說部分內容的質疑，加上民共兩黨長期缺乏互信，使北京終究拍板採取最嚴格標準，決定暫停兩岸官方溝通聯繫。這段二〇一六年版的「聽其言、觀其行」，究竟要走多遠、要如何轉化，還要看雙方的政治智慧才能決定。

參、九二共識的名相與內涵

蔡英文對兩岸關係的定位，就如美國資深亞太專家葛來儀所言：只差沒說出「九二共識」四個字。卜睿哲曾經提過，中國僵硬的體制，錯失李登輝與陳水扁的善意。假如這種善意沒有把握好，很容易重蹈覆轍。蔡首度提到兩個執政黨要積極創造「民共兩黨的交流」的新契機，這也是善意。

對北京而言，臺灣政黨輪替已成為新常態，中國大陸的兩岸戰略思考，是要鼓勵民進黨中間務實路線的抬頭？還是要抱住九二共識四個字，步步進逼，冒著把蔡英文推向深綠、兩岸關係倒退崩解的風險？在兩岸關係發展的關鍵歷史節點，北京應有與時俱進的思維。

蔡總統發表就職演說後許多評論和後續報導皆強調北京的強硬態度，但我們更應該關注這段期間民共各自展現節制和善意的動作，如世界衛生大會（World Health Assembly, WHA），體現了雙方都有意願為了兩岸關係和平穩定的共同利益相向而行。

北京當然還是重申了立場，以「未完成的答卷」強調九二共識是一切交流的政治基礎，期待蔡政府進一步表態。國臺辦主任張志軍二〇一六年五月二十五日還更尖銳地說出「臺獨只有死路一條」，看似越來越強硬。

北京在民進黨重新執政所展現的強硬態度，反映了當前幾個客觀的環境現實。第一，在中國經濟下行的情況下，習近平全力打貪，加以東海、南海的情勢日趨複雜，北京在臺灣問題上不能有任何閃失，寧左勿右。第二，民共長期缺乏互信以及共同政治基礎，即使蔡英文做了大幅轉身，北京仍不相信。第三，北京對臺灣政局發展，主觀上期待國民黨能東山再起，不能讓民進黨輕易過關。

可預期未來一段期間，民共政府還會持續過招，同理心與相互諒解的政治思維更為重要。正如同我們期待中國大陸能夠理解，臺灣的政治制度要求政府政策必須遵循民主原則及臺灣普遍民意的選擇為依歸；我們也必須理解中國大陸對於民族主義與主權領土的堅持。兩岸社會各有激進言論主張，雙方都有責任控制風險避免矛盾對立升高。

對於任何一位研究兩岸關係的知識分子，當身處兩岸風雲變幻之際，如何依然能夠保持頭腦冷靜，謀勢而動，把握機遇，開創新局，不僅考驗個人道德良知乃至上層領導的決策智慧，更攸關牽動未來兩岸關係動向與黎民百姓蒼生。何能不慎乎？

在五二〇總統就職談話，蔡維持選前採取的「雙重路徑」（或「雙重確認」）方式回應北京當局所關切的「核心意涵」，也就是兩岸是否「同屬一中」課題。正如「條條大路通羅馬」，通往羅馬（核心意涵）的道路不會只有一條，關鍵在於能不能通，有沒有通，而非究竟是走「絲綢之路經濟帶（現行規定）」還是「二十一世紀海上絲綢之路（九二事實）」。

如果只通一條，就算有通；如果兩條都通，其所蘊藏的政治意涵則屬更加豐厚。關鍵是有關方面在解讀時能否保持解放思想、實事求是的態度，是能夠跳出思想牢籠的束縛，或者陷入教條主義的窠臼。尤其，堅持原則與教條僵化之別往往在於一線之間，正如鄧小平說「實踐是檢驗真理的唯一標準」的歷史座標，仍可做為當前兩岸關係的借鑒。

蔡英文五二〇就職演說除回歸「九二會談的歷史事實」以及雙方所曾達成的若干共同認知與諒解（或簡稱「九二共知」），在既有的中華民國現行憲政體制論述外，進一步談到新政府會依據《中華民國憲法》、《兩岸人民關係條例》及其他相關法律來處理兩岸事務。

首先，九二共識此一名詞是出於二〇〇〇年四月由蘇起所創造，距離一九九二年已有相當一段時日，是對當年發生歷史事實的一種詮釋、名稱或說法。海基會前董事長辜振甫的回憶錄《勁寒梅香》書中指出，用「九二諒解」比較恰當；海基會前秘書長邱進益也認為是「九二諒解」，而非共識，因為雙方對「一個中國」的原則有共識，但對「一個中國」的內涵沒有共識。

九二共識在兩岸之間，本質就是「一個共識，各自表述」。對北京而言，九二共識是兩岸對一個中國的共識；對臺北而言，九二共識是「一個中國，各自表述」，形同各說各話。北京要的是「一中」象徵意義；臺北要的是「各表」的空間，彼此都滿足對內交代的政治需要，兩岸才能擱置主權爭議，進行協商互動。從實質內涵而言，一九九二年兩岸真正達成的共識點是「擱置爭議、求同存異」。

物換星移、時空轉變，如今兩岸關係又面臨新的歷史關鍵時刻。基於對臺灣新政府的不信任，中國大陸把堅持「九二共識」視為維繫兩岸關係發展的共同政治基礎。

憲法是憲政的基礎，施行憲政必須以憲法為依據，這本是自無待言之事。此與北京當局所強調的「依法治國，首先是依憲治國；依法執政，關鍵是依憲執政」道理更是相通。蔡的說法其實就是憲法一中。

這不僅是回應中國大陸外長王毅二〇一六年二月下旬在美國智庫戰略與國際研究中心（Center for Strategic and International Studies, CSIS）的談話，更同時連結中共前總書記胡錦濤任內所提出的「現行規定說」。除非中國大陸方面改變立場，或認為蔡英文所提的臺灣方面有關「現行規定」不存在其所關切的核心意涵，否則，只要願意秉持實事求是、和而求同的態度，當前兩岸執政當局實可從中取得公約數，並以做為持續推動兩岸關係和平發展的互動基礎。

對於蔡英文的五二〇談話，臺灣內部或因政治立場或黨派利益而有各種不同解讀，但在非綠營部分，整體來說是褒大於貶。親民黨認為蔡英文站穩《中華民國憲法》立場，說明對過去兩岸協議的尊重，形同「沒有用九二共識四個字承認了九二共識」。而當年身兼海基會副董事長邱進益日前接受《中評社》專訪談話，更顯超越藍綠黨派立場（囿於篇幅，識者不妨自參）。

肆、民共關係：兩岸和平發展的挑戰

兩岸關係發展的成果是經過許多跨黨派人士共同努力與長期累積而成的，如扁政府執政時期推動小三通，完成《兩岸人民關係條例》修法、兩岸春節包機直航；馬政府時期實現大三通直航、簽署二十一項重大協議，其目的是為了改善兩岸人民生活、化解彼此敵意、增進彼此理解，為建構兩岸共同未來與長遠利益為著眼，而不該淪為只是為了特定政治符號或特定黨派人士的既得利益。

過去許多中國大陸友人常說「民進黨不瞭解中國大陸」，確實如此。但中國大陸又可真瞭解民進黨及臺灣民心？民共長期缺乏互信、缺乏溝通與對話，只要臺灣政黨輪替，兩岸關係總是出現震盪、閉鎖的僵局，甚至過去行之有年的地方縣市交流也受到波及而關閉。民共關係緊張對立的結果是，「中共不識臺，臺灣不識共」，彼此只能各自相互取暖，形成兩岸關係緊張的根源。

不可諱言，民共關係長期缺乏互動與互信，兩缺之下形成一種惡性循環。儘管蔡英文選舉前後在兩岸議題處理上均已展現相當克制，甚至選後在黨中央主導下不惜得罪獨派與支持群眾，硬是將原本的《兩岸協議監督條例》去「兩國論」。但即使蔡個人如此努力，選後黨內部分立委缺乏大局意識與執政意識，在立法院的諸多表現進一步加深對岸的疑慮，也錯失雙方利用此政權過度期營造彼此善意的機會。

觀察中國大陸方面對臺灣政局發展的擔憂，除過去幾年力挺支持的國民黨在二〇一四年地方選舉及二〇一六年初總統及立委選舉連遭挫敗外，臺灣主體意識的不斷提升更加劇其對未來兩岸關係發展的擔憂，在情感上更是難以接受國民黨敗選的事實，或因此導致中國大陸內部鷹派聲音頓時高漲，同時限縮北京當局對臺政策的迴旋空間。

根據二〇一五年十月一份民調資料顯示，臺灣民眾的「當下統獨選擇」與「預期未來統獨走向」出現明顯落差。儘管有百分之四十六點四的臺灣民眾選擇「獨立」，但對未來兩岸關係發展趨勢卻有高達百分之四十九點七預期「臺灣被中國大陸統一」，遠超乎各界想像，更顯示臺灣民眾如何擺盪於理想與現實之間。

二〇一六年三月十四日「臺灣指標民調」顯示，「兩岸同屬一中」如果是同屬於中華人民共和國，有百分之八十一點六不能接受；而「兩岸同屬一中」如果是同屬中華民國，也有百分之六十不能接受。三月二十九日陸委會發布的民調也顯示，超過七成的臺灣人不認同中國大陸「兩岸同屬一中」的說法（達百分之七十二點七）。四月十四日「兩岸政策協會」發布民調顯示，有百分之五十九點七的臺灣民眾認為蔡英文不應在就職演說提到「兩岸同屬一中」。

由此可見，當前「九二共識」與「一中原則」在臺灣並未普遍受到歡迎，中國大陸不斷要求蔡英文接受，只會讓臺灣民眾對中國大陸的印象更為負面。臺灣是「由下而上」的選舉社會，執政者的一切施政是以民意為依歸。

在這樣的情況下，蔡英文在就職演說中通過「憲法一中」與「一國兩區」的定位，表達接受九二共識實質內涵，盡力滿足北京的要求；只差沒說出九二共識四個字，是為避免選民與支持者的強烈反彈，可以說在兩岸關係的處理上，應該是歷任民進黨領導者所釋出最大善意與彈性。

堅持九二共識四個字可能產生的後座力是，其效果反而與習總書記所強調的兩岸人民心靈契合背道而馳。中國大陸雖然關閉官方協商機制，但強調民間交流將繼續加強，尤其是青年工作，包括加強兩岸青年創業就業的交流與優惠政策的出台，無非是要加強對臺青年工作，爭取臺灣青年的認同。然而堅持九二共識名詞，在臺灣青年的眼中認為北京政府刁難蔡英文政府，此一負面印象反而抵消中國大陸對臺青年的多年努力付出。

伍、相向而行：和平發展才是硬道理

要蔡英文說出「兩岸同屬一個中國」，就客觀環境而言，顯得更加困難。民共雙方都認為時間站在自己這邊。站在北京的立場，中國在國際上的綜合國力上升，對臺籌碼增加，當然不願意臺灣每一次政黨輪替，兩岸的共同政治基礎就打折扣，因此堅定立場，反覆重申兩岸政治基礎的核心意涵和重要性。

對民進黨來說，大選新民意（加上周子瑜事件）展現臺灣拒統民意高漲，更加鞏固民進黨對九二共識與一中的排斥態度。從一九九〇年代到民進黨執政第一任期間，中國大陸對臺政策僵化（一國兩制），造就本土意識的反中社會基礎。二〇〇八年後，快速發展的兩岸民間互動，讓兩岸人民從想像的敵對到近身的摩擦，生活習慣的差異與政經利益的衝突相互糾結，以及香港經驗負面效應的擴散，擴大臺灣社會「恐中、反中」的社會基礎。當前臺灣的時空環境與民意結構，限制了蔡英文在兩岸論述轉身的空間。

可以說，兩岸客觀環境風險升高，中國民族主義與臺灣主體意識隨時有對撞的可能。二〇一六大選後兩岸關係何去何從？最簡單而民粹的選擇是採取「對抗邏輯」——藍綠對抗、兩岸對抗，最後升高為臺灣民族主義與中國民族主義的對撞，造成兩岸和平發展的重大挫折崩解，更是中華民族的悲劇。

畢竟新政府所要推動的各項改革都必須建立在穩定的兩岸關係之上，尤其臺灣正面臨嚴峻的經濟挑戰，臺灣要改變對中國大陸單一市場的過度依賴並非短期就能完成，對外經貿的拓展不論是參與ＴＰＰ、ＲＣＥＰ、甚至新南向政策也都需要時間。同時新政府也必須繼續照顧在中國大陸的臺灣人民以及依賴中國大陸市場的產業，兩岸兩會協商，已簽訂的二十三項協議、小兩會等機制都有維繫的必要。

兩岸關係固然受制於國內與國際政經因素的制約，但領導人的耐心、創意與智慧仍然可以起到關鍵的作用。北京正在聽其言、觀其行，將仔細檢視蔡英文政府的一言一行。未來民進黨執政的兩岸關係不僅是小英的習題，也是習近平的「習題」。

回顧兩岸關係發展歷史，當年阻礙兩岸雙方互動的許多僵固教條或人為障礙，又有多少已隨兩岸關係和平發展的歷史進程而被逐一揚棄或超越？而三十年後的人們，又將會如何看待今日兩岸之間許多看來極為重要且又似乎難以妥協的各種爭論？

當年鄧小平推動中國大陸改革開放初期也衍生很多問題，爭論不斷，卻總結出「發展中的問題要靠不斷發展來解決」。歷經改革開放三十年，中共領導人習近平上任後更提出「實踐發展永無止境，改革開放也永無止境，停頓和倒退沒有出路，改革開放只有進行時、沒有完成時」。

那麼，當前兩岸關係和平發展所產生的問題，是否也當依靠深化、改善兩岸關係和平發展的思路來應對？而實現「兩岸一家親」與「心靈契合」境界的通關密碼，果真只有「九二共識」四個字是唯一解答？九二共識名詞只是表象；實質內涵才是硬道理。

正如中共總書記習近平所言：「衝破思想觀念的障礙、突破利益固化的藩籬，解放思想是首要的。在深化改革問題上，一些思想觀念障礙往往不是來自體制外而是來自體制內。思想不解放，我們就很難看清各種利益固化的癥結所在，很難找準突破的方向和著力點，很難拿出創造性的改革舉措。因此，一定要有自我革新的勇氣和胸懷，跳出條條框框限制，克服部門利益掣肘，以積極主動精神研究和提出改革舉措。」

兩岸當局在國家主權的糾結爭執已超過一甲子，何妨放大歷史格局、提升價值層次，以「兩岸同屬一個中華（民族）」為起點，在民主和平與對等尊嚴的原則下，尋求未來兩岸的統合，共同締造中華民族的偉大復興。

臺灣政黨輪替已成為新常態，習蔡應避免重蹈阿扁執政的覆轍，不要讓每次民共交手的結果是兩岸震盪、人民受難。習近平當深入理解臺灣人民對於當家作主與自由民主制度的堅持；蔡英文應體會近代中華民族的歷史苦難，共同用同理心，以兩岸蒼生為念，相向而行。

陸、結語：建立互信是關鍵

從長遠來看，臺灣誰執政是戰術問題，兩岸關係的和平發展則是戰略問題。惟有爭取臺灣更多黨派及勢力（包括民進黨）共同支持、參與兩岸關係和平發展的歷史進程，才能更加有利於形塑、鞏固此一發展態勢，並降低避免因臺灣內部黨爭從而干擾兩岸關係的正常發展。

此刻，或許只有拋開對國民黨再次下野的焦慮與失落，才能有助於看清及思考蔡英文五二〇就職演說所蘊藏的政治意涵及維持現狀承諾，以及其對穩定及開展今後兩岸新局所具有的重要戰略價值與意義。反之，如果我們永遠停留在過去爭論，思想僵化，不願與時俱進，前瞻思維，抓住機遇，我們將失去開創未來兩岸新局的可能。兩岸一旦走向衝突對撞，距離「心靈契合」只會更加遙遠。

過去幾十年來，許多人奔走兩岸，想要為兩岸政治難題尋求解方，推動政治談判，但終究是徒勞無功，最主要的關鍵是缺少吸引臺灣民心的兩把鑰匙：「拉近兩岸的政治社會差距」與「面對中華民國存在的現實」。

在臺灣內部沒有共識，兩岸缺乏互信的情況下，兩岸政治談判無法啟動，根本無法建構兩岸和平發展制度性框架。北京當深入理解臺灣人民對於當家作主與自由民主制度的堅持；臺北應體會近代中華民族的歷史苦難，以兩岸蒼生為念，相向而行。兩岸關係發展需要雙方以同理心和耐心來呵護，我建議兩岸應該建立紅藍綠橘對話的多元渠道與民間平台，從中尋求創意、擴大交集，凝聚共識，為兩岸永續和平發展鋪奠基礎工程。

北京說蔡英文未完成答卷，將繼續聽其言、觀其行。在觀察階段，我建議兩岸都應以善意與同理心相向而行。對臺北而言，除了繼續完成答卷進一步闡明九二共識的實質內涵之外，更重要的是「建立互信」。包括歷史課綱微調、文化教育去中國化、民進黨黨綱修正等議題，都是民共逐步建立互信的指標。對北京而言，應該從兩岸和平發展的大局思考戰略的選擇，究竟是要一步到位？還是要漸進而行？

一步到位的過硬路線很可能失去臺灣民心，不利兩岸的心靈契合與兩岸和平發展的深化，也迫使臺灣民粹主義與中國民族主義對抗的風險升高。兩岸沒有對撞的本錢，蔡英文已經表達善意，宣示遵守憲法一中、不搞臺獨，承認九二共識實質內涵，北京何妨用比較正面鼓勵的態度，把民進黨拉回中華民族的道路，逐步建立互信，進而產生兩岸一家親的認同感，這將對於兩岸和平發展產生積極而長遠的影響。

1.6 宋習會不會？

在兩岸官方交流協商停擺之際，蔡英文總統敦請親民黨主席宋楚瑜擔任我方亞洲太平洋經濟合作會議（Asia-Pacific Economic Cooperation, APEC）領袖代表，外界最關注的是宋習會不會？如何互動？據報導，亞太經合會非聯合國周邊組織，中國大陸方面雖一貫表達不支持立場，但在各方努力協助下，並沒有進一步阻撓的動作，不過屆時無論是公開或私下場合陸方和宋維持「不交談」、「不接觸」的兩項底線。

宋楚瑜應該是臺灣政治人物當中，少數具有中華民族情懷，又敢在習近平面前說真話的政黨主席。二〇一四年五月的宋習會，習近平對兩岸關係提出和平發展、遏制臺獨的「四不原則」，宋則回應「四個體諒」：希望中國大陸多認識和體諒臺灣人民的臺灣意識、兩岸政治社會制度的差異、臺灣人民對經濟自主的渴望、臺灣多元社會的本質。

五二〇以來，蔡總統感受的對岸壓力是可以理解的。雖然她在就職演說中，已對中國大陸展現相當程度的善意，但北京並不領情，而陸續在外交、經濟和輿論採取施壓動作。卜睿哲曾經提過，北京僵硬的體制與缺少彈性的立場，錯失李登輝與陳水扁的善意。二〇〇〇年陳水扁當選後提過「四不一沒有」、「未來一中論」、「兩岸統合論」，始終沒有得到對岸善意回應，後來又重回深綠對抗路線，造成臺海動盪緊張。

就敏感複雜的兩岸關係而言，假如這種善意與彈性沒有把握好，很容易重蹈覆轍。蔡英文總統二〇一六年十月四日接受《華爾街日報》專訪，強調維持現狀的承諾不變、善意也不變，也不會走到對抗的老路上去，希望以談判代替對抗。換言之，蔡總統不會重蹈阿扁的覆轍，這是明智之舉。

對臺北而言，當前臺灣的主流民意固然是「不想統一」，但臺灣的歷史與地理早就決定了臺灣的前途不可能單純由自己決定，在中美臺大三角關係中，臺灣的執政者要有智慧，宣示「不搞獨」，才能同時符合中美臺三方的利益，維繫和平穩定的兩岸關係。

當前兩岸的僵局，表面上是卡在九二共識，實質上是由於兩岸體制與民意的結構性差異。今天假如臺灣多數的主流民意是支持九二共識，民選的蔡總統也不敢不承認。習近平主席曾說兩岸和平發展關鍵是兩岸人民的心靈契合，一點也不錯！但心靈契合的層面不僅在於民族與文化的認同，也在於對彼此的制度價值選擇有同理心。這也正是宋楚瑜強調的對民主自由價值的堅持。

開拓臺灣的國際外交空間是不分藍綠的共識，兩岸需要更多的溝通交流與對話。主張兩岸一家親的宋楚瑜在這個關鍵時刻，扮演突破民共僵局的橋樑，應該是最佳人選。

二〇一六年十一月在祕魯舉行的ＡＰＥＣ可不可能再度上演宋習會？關鍵在於蔡總統的國慶演說能否扭轉乾坤。如果蔡總統能在國慶文告中提出取代九二共識的「新九二論述」，既無損中華民國的主權與臺灣主體性，又能回應兩岸關係定位、解開兩岸僵局的新論述，ＡＰＥＣ宋習會的可能性依然存在。

1.7 雙城論壇之後　別關對話大門

在兩岸官方交流冷凍的時刻，雙城論壇為兩岸僵局帶來一線曙光。柯文哲、沙海林、張小月都強調溝通交流的重要性。的確，敏感的兩岸關係最需要的是同理心與相互理解，實際上卻很難。五二〇政黨輪替之後，北京對臺交往採取的是「區隔對待」與「官冷民熱」的策略。在九二共識、一中原則上，雙方目前尚無交集的情形下，北京採取區隔對待，區隔地方跟中央的態度；也區隔出有政治互信的地方政府，如臺北跟上海。對沒有政治互信的縣市，或其他民進黨執政縣市，則採關閉交流的對待方式。

對北京而言，兩岸間沒有共同政治基礎，官方的往來凍結；但中共同時加強對臺民間的交流活動，尤其兩岸青年交流、青年創業就業交流。最近就有很多的中國大陸省市臺辦以及青年工作單位來臺進行青年交流，配合兩岸青創基地的擴大政策，加強對臺青年工作的力度。

但中國大陸來臺的民間交流也是有選擇性，只跟藍營色彩的社團交流，避開非藍營色彩的社團。這就出現了一個盲點，兩岸的交流只是在相互取暖；而立場分歧的始終無法溝通交流，更難化解敵意。在官方交往停擺下，兩岸民間交流的差別對待策略，封閉了對話溝通的機會之窗，無助於改善民共僵局的惡性循環。

兩岸應擺脫民共對立的輪迴宿命。不可諱言，民共關係長期缺乏互動與互信，兩缺之下形成一種惡性循環。只要臺灣政黨輪替，兩岸關係總是出現震盪、閉鎖的僵局，甚至過去行之有年的地方縣市交流也受到波及而關閉。民共關係對立的結果是，「中共不識臺，臺灣不識共」，形成兩岸關係周期性緊張的根源。

可預期未來，民共會持續過招，同理心與相互諒解的政治思維更為重要。正如我們期待中國大陸能理解，臺灣的政治制度要求政府政策必須遵循民主原則及臺灣普遍民意的選擇為依歸；我們也必須理解中國大陸對於民族主義與主權領土的堅持。兩岸社會各有激進言論主張，雙方都有責任控制風險，避免矛盾對立升高。

從長遠看，溝通交流（統戰）是戰術問題，兩岸關係和平發展則是戰略問題。惟有爭取臺灣更多黨派及勢力（包括民進黨）共同支持、參與兩岸關係和平發展的歷史進程，才能更有利於形塑、鞏固此一發展態勢，並降低因臺灣內部黨爭從而干擾兩岸關係正常發展的風險。

兩岸要建構永續和平發展，必須建立紅藍綠橘的溝通對話平台，可以先從民間做起，但不能只找同質性的學者與社團相互取暖。唯有不斷的溝通對話，才能改變民共關係的惡性循環，兩岸關係的永續和平才得以鞏固。

1.8 當不確定年代撞上川普主義

美國共和黨川普以華府圈外人的出身，非典型人格特質，當選美國總統。川普在競選期間提出的反全球化、單邊主義的外交經貿主張，讓美國的盟友惶恐不安，大選結果出爐後，川普主義成為全球焦慮的來源。

川普的政見主要師承自一九七〇年代末期的新右派運動，因不滿政府部門的膨脹、官僚組織肥大、冗員充斥、財政日益困難，但行政效率卻低落的現象，企圖改變傳統僵硬、層級節制的官僚體制，取而代之的是一個彈性的、市場導向的公部門。這一股反政府風潮在各國孕育出削減政府規模和推動民營化政策。一九八〇年代的美國雷根政府和英國柴契爾政府正是新右派運動的實踐者。

川普主義其實是矛盾弔詭的混合體：一方面在國內政策主張減稅、自由市場經濟的小政府主義；另一方面在國際事務主張反對自由貿易與全球化的保護主義。川普的女兒依凡卡在共和黨提名大會曾說過一段傳神的註腳，「我的父親是體制外的戰士」。現在這位戰士即將入主白宮，從體制外走向體制內。首當其衝，川普勢必要與三座體制內的大山進入一段磨合期，包括共和黨、國會、行政部門官僚體制。

未來川普在外交事務、自由貿易、區域安全、稅制改革、移民政策、健保政策等方面，勢必與體制內三座大山產生摩合與衝撞。至於結果是達成妥協或是激烈的衝突？強勢總統面對分裂美國，未來內政外交政策將出現不確定風險，也成為臺美關係懸念。

舉例來說，美國共和黨全國代表大會二〇一六年七月公布的黨綱指出，兩岸必須透過對話和平解決，並且需要臺灣人民同意；如果中國大陸違反這些原則，「美國基於《臺灣關係法》，將幫助臺灣自衛」。臺美雙方的關係將持續基於《臺灣關係法》，以及雷根於一九八二年對臺灣的六項保證。

共和黨黨綱大力支持臺灣，包括自由貿易協定的定位，及適時出售防禦性武器，這包含建造潛艇的技術；另外，還有充分參與世界衛生組織、國際民航組織及其他多邊機構。但具有現實重利的商人性格的川普總統，究竟對共和黨的傳統價值買不買帳？還是把臺灣當作改善美中關係利益交換的籌碼？有待觀察。

對臺灣來說，面對川普政府主觀意志與客觀體制碰撞產生的不確定風險，我們不必焦慮恐慌，而應該自許成為一個冷靜而靈敏的洞察者，能在第一時間掌握華府的政治動態，及早評估、規劃與溝通，妥慎因應；另一方面，蔡政府仍需積極設法改善兩岸關係，穩定臺海局勢，才能在不確定的年代安身立命。

1.9 兩岸這時更需政治互信

中共九十五周年黨慶，中國大陸國家主席習近平重申堅持九二共識，並表示中國十三億人民絕不會答應臺獨。在此同時，我海軍誤射飛彈，引起臺海一陣虛驚，衝擊原本薄弱的兩岸互信。軍事互信的缺乏，更加印證政治互信的重要。

蔡英文就職演說提到《中華民國憲法》、《兩岸人民關係條例》，定位兩岸是一國兩區。幾乎是馬規蔡隨，體現九二共識的實質內涵。就如美國兩岸專家葛來儀所言，只差沒說出「九二共識」四個字，但中共定位蔡英文演說是「一份沒有完成的答卷」。

北京對民進黨執政所展現的強硬態度，反映了當前幾個客觀的現實。第一，在中國經濟下行的情況下，習近平全力打貪，加以東海、南海的情勢日趨複雜，北京在臺灣問題上不能有任何閃失，寧左勿右。第二，民共長期缺乏互信以及共同的政治基礎，即使蔡英文做了大幅轉身，中國大陸仍難相信。第三，北京對臺灣政治發展，主觀上期待國民黨能東山再起。

二〇一六年三月二十九日陸委會發布的民調顯示，超過七成的臺灣人不認同中國大陸「兩岸同屬一個中國」的說法。四月十四日「兩岸政策協會」發布民調顯示，有百分之五十九點七的臺灣民眾認為蔡英文不應在就職演說提到「兩岸同屬一中」。臺灣是由下而上的選舉社會，執政者以主流民意為依歸。蔡英文在就職演說中，表達接受九二共識實質內涵，盡力滿足北京的要求，只差沒說出九二共識四個字，可以說在兩岸關係的處理上，是歷任民進黨領導者所釋出最大的善意與彈性。

當年鄧小平推動中國大陸改革開放初期也衍生很多問題，爭論不斷，卻總結出「發展中的問題要靠不斷發展來解決」。歷經改革開放三十年，習近平上任後更提出「實踐發展永無止境，改革開放也永無止境，停頓和倒退沒有出路」。

那麼，當前兩岸關係和平發展所產生的問題，是否也當依靠深化改善兩岸關係和平發展的思路來應對？其實，九二共識名詞只是表象；實質內涵才是硬道理，而關鍵在「建立互信」。

北京說蔡英文未完成答卷，將繼續聽其言、觀其行。在觀察階段，兩岸都應以善意自制與同理心相向而行。對臺北而言，除了繼續補充答卷，進一步闡明九二共識的實質內涵之外，更重要的是「言行一致」才能「建立互信」，包括遵守憲法、歷史課綱微調、文化教育去中國化、民進黨黨綱修正等議題，都是民共逐步建立互信的指標。

對北京而言，應該從兩岸和平發展的大局思考戰略的選擇，究竟是要一步到位？還是要漸進而行？一步到位的過硬路線很可能失去臺灣民心，不利兩岸的心靈契合與兩岸和平發展的深化，也迫使臺灣民粹主義與中國民族主義對抗的風險升高，讓臺灣更加向美、日靠攏。

兩岸沒有對撞的本錢，蔡英文已經表達善意，宣示維持現狀、承認九二實質內涵，北京何妨用比較正面鼓勵的態度，把民進黨拉回中華民族的道路，逐步建立政治互信，進而產生兩岸一家親的認同感，這將對於兩岸和平發展產生積極而長遠的影響。

1.10 南海危機 兩岸解凍的契機

最近網路瘋傳一張諷刺的對照圖片，說「太平島是礁，沖之鳥是島」。這張圖片點出了為何兩岸同聲譴責，國內不分藍綠、同仇敵愾的憤怒原因：指鹿為馬，荒謬不公！南海仲裁案讓我們看清國際政治的現實，沒有公理正義，不談事實真相。

菲律賓向國際法庭提出仲裁，背後的影武者是美國。仲裁的結果說明了美國為了圍堵中國，不惜犧牲臺灣的核心利益。這無疑是打臉某些主張一面倒親美路線的人士。美國固然在軍事安全與民主價值與臺灣有共同利益，但當臺美利益有衝突時，老大哥犧牲臺灣小弟的利益，毫不手軟。

當前的南海、東海與臺海，實際已經形成了連動的關係，息息相關又環環相扣。南海、東海的波濤洶湧，戰雲密布，其實就是想重返亞太的美國，與試圖擴張海權的中國的對決戲碼。臺灣、越南與菲律賓都只是大國博弈的籌碼。

南海仲裁案的危機勢必也會衝擊新政府的外交親美路線，我們應當藉此機會來反思如何重新定位中美臺三角關係。我們不該只能在親美或親中路線二選一，臺灣應該做自己，應該做的是左右逢源的公關；而不是大哥身旁的跟班。就像菲律賓雖然有美國撐腰，在南海仲裁案大勝，但是也清楚自己只是美國的籌碼。新當選杜特蒂總統主張與中國談判和解，也不想全部押注美國，得罪中國。

南海仲裁案，就像一桶冷水潑在臺灣的頭上，讓我們清醒過來，美國絕對不是可靠的盟友；中國大陸也不是永遠的敵人。南海仲裁案讓臺灣重新思考在中美日大國間應該採取左右逢源的靈活路線。

南海仲裁結果出爐，是中華民國主權的危機，但也是改善兩岸關係的契機。當總統府對南海仲裁案發表聲明絕不接受，又聲明南海諸島及相關海域屬於中華民國所有，使兩岸從中華民國一九四七年繪製「南海諸島位置圖」的「U形線」找到了共同基礎。這就是用行動來落實《中華民國憲法》，用行動來表達九二共識的實質內涵與兩岸關係的善意。

從臺灣的立場，為了不刺激美國，在檯面上絕口不提兩岸聯手共同維護南海主權。但兩岸同為南海仲裁案的最大輸家，我們可以利用更多的巧合機會，來創造兩岸之間聲援與默契，這其實也在告訴美國，不要以為臺灣天生就是被老美吃定。南海危機，是臺灣戰略調整的機會，也是兩岸解凍的契機！

Part 2

民共僵局是宿命？

2.1 習近平一席話……命中學運疑慮

中共總書記習近平在二〇一四年五月七日宋習會上提出「四不」原則，這是中共領導人針對太陽花學運後政局變化首度發表談話。

四不原則大致不脫北京對臺政策方針，值得注意的是，習近平在談話中強調「經濟融合有利兩岸互利雙贏」。二〇一四年四月十日在博鰲蕭李會，李克強也提及「促進經濟融合，有利於為臺灣參與區域經濟合作創造更好的條件」。

中共領導人的說法，從過去的經濟合作轉為「經濟融合」，這恰恰是學運所疑慮的「兩岸經濟一體化」。

學運占領立法院，部分是反對《服貿》黑箱程序，另一部分是反對兩岸經濟一體化。反對經濟一體化的原因，不是經濟層面，而是政治社會因素。一方面，《服貿協議》會帶來兩岸的人員流動，令臺灣年輕人擔心未來生活周遭充滿陸幹、陸勞；另一方面，是害怕臺灣經濟過於依賴中國大陸，導致在政治上逐漸受中國大陸控制。

臺灣年輕世代之所以有恐中情結，最主要的是政治因素，他們擔心臺灣會成為下一個香港。享有言論自由的學生擔心經濟依賴將構成思想言論的干涉。他們都知道中國大陸境內言論活動都受到嚴密監視。年輕世代的恐共立場固然是來自過去的反共教育，但北京的治理模式正是學生最感恐慌的原因。

從經濟面來看，財團和大企業是兩岸經貿往來的大贏家，一般基層民眾很少從中獲益，年輕人普遍無感。更深層的心理因素其實是對於中共政治體制的不信任。兩岸交往，中國大陸強調民族大義，常說兩岸是一家人；但臺灣人民更在乎的是民生與民權。臺灣人民歡迎兩岸經濟合作，因為臺灣需要中國大陸市場；但是有過半的臺灣人民對中國大陸政治體制仍有疑慮。

兩岸在經濟上有共同利益基礎，但政治與社會價值仍存在巨大鴻溝，這是進入政治談判關鍵障礙。兩岸關係發展，應該從線性思考，轉為非線性思考：即藉由中華民族大框架，讓兩岸社會深入交流與理解，逐步縮小治理的落差，建立和平發展的「精神基礎」；若急於求成，直接過渡到政治議題，反而欲速則不達。

學運帶給兩岸關係的啟示是：兩岸應有耐心，通過較長的和平發展期，等待政治社會、民主治理等條件成熟後，才是進行政治性協議的適當時機。

習近平透過宋習會做出重要回應，顯示北京對兩岸發展進程的焦慮與關注。這次由臺灣青年掀起的軒然大波，是否使北京具體地意識到對臺工作的盲點？

2.2 青年「婉君」：兩岸關係的大挑戰

壹、年輕人加網路　左右九合一選戰勝負

臺灣九合一選舉國民黨潰敗，從北到南出現民意版圖翻轉的現象。一般的解釋有兩個重要原因：一是馬政府施政不力，部分藍軍支持者不出來投票；二是面對現況不滿的青年踴躍投票，兩者相加造成了國民黨全面潰敗的結果。本文想探討的是，青年選票如何影響這場選舉？又將對兩岸關係造成何種影響？

時間回到選前之夜，臺北市長當選人柯文哲封街造勢，許多年輕人把「挺柯P」視為政治時尚，電視畫面中萬頭攢動；更驚人的是「看不見的力量」，上千萬的網友聯手，催化出「柯文哲現象」。首都選戰是一場縮影，年輕人加網路在這次選戰形成一股前所未見的「清流」，影響輿論、扭轉戰局。

二〇一四年滿二十歲至二十三歲的年輕人，九合一選舉是他們生平第一次擁有投票權的選戰，這群人被稱為首投族。觀察首投族對選戰的影響，首先有三點分析：

一、首投族雖號稱百萬大軍，但占全國比率仍低。根據統計，全國首投族人數約一百二十八萬人，

平均一年新增約三十二萬首投族，占全國總選舉人數約百分之六點九。若就選票實力而言，首投族並非決定勝負的族群。

二、臺北市雖有柯文哲效應，但首投族比率居全國最低。臺北市首投族約十二萬人，占全市選舉人數百分之五點六，首投族比率居全國最低。臺北市首投族人數在六都排名第四位，僅領先桃園市、臺南市，臺北市首投族只比桃園市多九人。

三、首投族比率，藍營略大於綠營。民進黨十三席執政縣市加臺北市的首投族人數約九十三萬人，占選舉人數的百分之六點八六；國民黨六席執政縣市的首投族人數約三十二點三萬人，約占百分之七點零二。比較首投族總人數，綠營加北市約是藍營三倍，但論比率，藍營微勝零點一個百分點。

首投族雖是少數，但對選戰的影響力「在質不在量」，這次「給年輕人一個機會」氛圍，感動許多為人父母。其實不只首投族，整個網路世代產生外溢效應，應該說從二十歲至四十五歲的選民都是屬於對執政黨不滿、傾向改變的族群。

貳、白衫軍、太陽花學運後 「婉君」扮關鍵力量

投票日當天出現返鄉潮，白衫軍、太陽花學運後，年輕人站出來了，首投族加網路竟變成執政

黨害怕的「婉君（網軍）」。媒體人公孫策指出，大環境不利國民黨，只是降低傳統藍營選民投票率，但總投票率較往年沒有降低太多，因為過去投票率偏低的年輕族群這次踴躍投票。首投族扮演關鍵新勢力，可能影響二〇一六大局。文化大學副教授姚立明估計，一年半後首投族新增約三十萬人，年長選民約二十五萬人往生，來回差五十五萬票。

從洪仲丘事件到太陽花學運，青年網路世代在社會運動與政治抗議扮演關鍵的角色，進而在九合一選舉改變臺灣的政治版圖。互聯網與數位新媒體有利於降低政府資訊公開的成本，增加公民參與公共政策的可能管道，並且大幅降低了異議者與普通公民的溝通、組織和動員成本，使政治反對和社會運動擁有更大的運作空間。

從國際經驗來看，二〇〇一年菲律賓民眾透過手機簡訊發動群眾抗議活動，並透過手機簡訊互通抗議訊息，最終導致總統埃斯特拉達辭職下台的事件開始，互聯網和數位新媒體確實曾在不少政治抗議和民主運動中扮演不可或缺的角色。近期在二〇一一年北非和阿拉伯世界發生的一連串「茉莉花革命」浪潮，互聯網和社交媒體，如推特（Twitter）和臉書（Facebook）更被各界認為是這股民主運動浪潮的關鍵力量。臺灣和香港在二〇一四年發生的「太陽花學運」和「雨傘（占中）運動」，年輕世代透過臉書及各類基於互聯網技術的應用（包括獨立媒體、公民新聞和線上直播、資源整合和公共議題審議平台），同樣將港臺兩地的民主實踐推進到一個新的階段。

以太陽花運動為例，這群熟悉社交媒體的「臉書世代」，極成功地操作了一場又一場數位化的網路行動。從占領行動發生的當天晚上開始，他們就幾乎同時「占領」了臉書中文圈使用者的頁面，到處可見即時更新的學運新聞、現場動態和照片。據估計，臉書中文圈在這段期間的前三十名熱門貼文，幾乎清一色是反《服貿》的相關資訊。

普遍使用的臉書和人手一支的智慧型手機發揮了關鍵作用，使得整個運動從最初衝進立法院議場的寥寥數百人，迅速從南到北成功動員了到場聲援的數萬人，並且通過各種「線上」的組織和動員平台，策動並協調占領行動所需的龐大人力和物資，其間操作的精密程度甚至超過了「線下」的實體組織。

透過網路募資平台，運動參與者迅速募集到在《紐約時報》刊出全版廣告的六百多萬元，並號召了旅居各國的臺灣留學生就地舉辦聲援活動。透過許多志願者提供的網路工程技術和翻譯協助，學生們也在短時間內架設了英文網站，並且隨後提供翻譯成多達十三種語言的相關資訊。

在有如滾雪球的效應下，有許多大學教授加入學生的抗爭行動，加上數十個長期關注勞工、農民、婦女和弱勢群體權益的公民團體提供抗爭經驗和人力物資等奧援，以及多達數百位律師和醫護人員投入現場的志願服務，讓這場學生啟動的抗議行動，串連成為一場由學生主導、各階層公民群眾熱烈響應的社會運動。

此外，許多志工迅速架設了「自己的《服貿》自己審」的公民審議網站，提供包含《服貿》協定條文與附件的對照分析，並且將各場公聽會實況逐字整理為一個個的文字檔，讓更多人有機會深入瞭解和討論相關議題的複雜性，以取代過於簡化且容易造成誤解的各種「懶人包」。

《蘋果日報》從學生占領立法院議場的那一晚開始，即提供二十四小時不間斷的即時轉播、學運及《服貿協議》相關主題報導、第一手的現場照片、影音轉播，成為大多數民眾追蹤並瞭解太陽花學運相關新聞的重要管道。在行政院鎮暴驅離事件的隔日，《蘋果日報》網站拜訪率創下歷史新高，超過兩千四百萬次，其中即時新聞的閱讀率更達到一千七百多萬次。同樣地，電視新聞頻道的排名也發生重新洗牌的狀況。報導立場對學運較不友善的ＴＶＢＳ和中天新聞台收視率下滑，年代新聞台和壹電視新聞台收視率則大幅上升。

除了本地的主流媒體和網路媒體之外，學運領袖前後也接受了多達六十家境外主流媒體和網路媒體的訪問，並且主動派遣其中兩位學生領袖前往美國首府，親自以英語向關心此事的美國各界說明這場抗爭行動的訴求和理念。

臺灣太陽花學運的經驗，對香港爭取「真普選」的占中行動不無啟示。相對於中國大陸集權體制的網路審查與控制，以及其對憲法保障公民權的漠視，香港青年仍在艱難地爭取普選權利，臺灣毫無疑問是華人世界最重要、也相對成熟的民主實踐場域；但臺灣青年高漲的民主意識，已然成為兩岸關係發展的重要變數。

參、反《服貿》背後的恐中情結

為什麼外國專家眼中對臺灣有利而且十分重要的《服貿協議》，會成為許多年輕人眼中的毒藥？

《服貿協議》對於有能力或想進軍中國大陸市場的業者，是絕佳的機會；但對於想固守臺灣的業者就是威脅。服務業大多是中小企業，以從業人口比例來看，有能力（資本規模）進攻中國大陸市場的業者，畢竟是少數。大多數的中小企業屬於守方，擔心開放之後，失去臺灣僅有的地盤。因此，《服貿》所需要的溝通說服的強度，是遠遠高於ECFA。

當初兩岸簽署ECFA，政府各部會全面總動員，宣導ECFA；反觀《服貿協議》從簽署至今，民眾還是不清楚，可以說政府的溝通行銷出了大問題！在新媒體時代，網路世界的懶人包，徹底打敗了政府機器。年輕人寧願相信似是而非、資訊錯誤的懶人包，也不相信政府硬梆梆的政令宣導。

舉例而言，反《服貿》團體反對最激烈的條款，就是「陸資自然人短期入境及停留」會造成變相移民。這一條其實是在二〇〇一年十一月二十日前總統陳水扁任內簽署生效的世界貿易組織（World Trade Organization, WTO）入會條約案。陸人在臺投資，負責人及經理人、主管及專技人員，僅能在臺「停留」一年，營收達一千萬元新臺幣，才能申請續留，而且不管停留多久，都不可能取得臺灣身分證。根據移民署統計，二〇〇九年臺灣開放陸資來臺，至二〇一三年有兩百五十九位陸幹登臺，沒有任何一位變成新移民，並創造九千六百二十四個就業機會。但在網路懶人包的說法是，「將來中國大陸老闆滿街跑，很可能成為你的老闆」！

《服貿協議》我方六十四項承諾中，屬現行開放者占二十七項，新增或擴大開放者為三十七項，且其中仍有多項未達我對WTO承諾開放程度。內行人看門道，把早已經開放的項目寫進《服貿》，這叫美化帳面，我給你開放六十四項，實際上只有三十七項。中國大陸開放的八十項，其中多項還是日韓歐美商爭取不到的待遇。政府過去以「利大於弊」制式回應，民眾還是滿腹疑慮。

從二〇一二年八月起，我多次在媒體投書（包括中時、聯合、工商、NOWnews等），不斷呼籲「安內重於攘外」、「以多元生動方式全面加強《服貿》溝通宣導」。如今看來，政府的相關單位事前溝通不足、事後宣導無效的問題，在這次太陽花學運中暴露無遺。

我們可以理解，處於悶時代的年輕人，面臨低薪、失業與高房價，他們害怕陸資、陸勞大舉入臺，充滿了高度焦慮及恐懼感。這種恐懼感透過傳播擴散，形成虛擬的恐懼浪潮，掩蓋了真相與理性討論的空間。

面對太陽花學運激烈的民意反彈，中國大陸政府可能是最感到莫名其妙的一方。畢竟，政策優惠一向是中國大陸對臺政策的重點。《服貿協議》本是中國大陸送給臺灣的一份大禮，何以落得這般田地？

若單從經濟面來看，財團和大企業往往是兩岸經貿往來的最大贏家，一般臺灣基層民眾很少能從中獲益，使得他們對中國大陸方面的讓利普遍無感。因此，通過高層互動達成的經濟讓利來促進整合的方式，遇到了瓶頸。這次由臺灣青年掀起的軒然大波，是否將使中國大陸政府更加具體地意識到對臺工作的盲點，並在今後制定政策時引以為鑑？畢竟兩岸關係的和平、穩定乃至共同繁榮，都需要中國大陸政府傾聽臺灣民眾的聲音。而這對提升臺灣民眾對中國大陸政府的觀感不無裨益。

在博鰲亞洲論壇，中國大陸國臺辦主任張志軍坦誠這次學運給他一個啟示，「畢竟沒去過臺灣，我需要瞭解臺灣的所有情況，尤其是基層民眾的想法，所想所思，以及中小企業的想法」。並表示「如果條件允許的話，他希望能夠直接和臺灣學生對話。」張志軍的表態無疑舒緩了反《服貿》學運帶來的兩岸緊張氣氛。更重要的是，這是中國大陸首度正視對臺政策受益不均的問題，釋出與臺灣民眾直接互動的善意。

中共總書記習近平在「宋習會」上提出「四個不變」。這是中共最高領導人針對「太陽花學運」後政局變化，首度發表談話。「四不」原則大致不脫北京對臺政策方針，值得注意的是，習近平在談話中強調「經濟融合有利兩岸互利雙贏」。二〇一四年四月十日在博鰲蕭李會，李克強也提及「促進經濟融合，有利於為臺灣參與區域經濟合作創造更好的條件」。

中共領導人的說法，從過去的經濟合作轉為「經濟融合」，但這恰恰是太陽花學運所疑慮的「兩岸經濟一體化」。太陽花學運的青年，部分是反對《服貿》黑箱程序；有部分是反對兩岸經濟一體化。反對經濟一體化的原因，不是經濟層面，而是政治社會因素。一方面，《服貿協議》會帶來兩岸的人員流動，令臺灣年輕人擔心未來生活周遭充滿陸幹、陸勞；另一方面，是害怕臺灣經濟過於依賴中國大陸，導致在政治上逐漸受中國大陸控制。

有學者稱臺灣一九七〇年後出生的年輕人是「網路原住民」，從小就習慣生活在網路世界，網路就是他們的陽光與空氣。臺灣青年對於網路管制的中國大陸，在先天上難以有好感。

太陽花學運反《服貿》，除了經濟因素，更重要的是政治疑慮：他們擔心兩岸經濟一體化後，臺灣會成為下一個香港。香港占中事件更加深臺灣青年的疑慮與排斥。享有言論自由的臺灣青年，最擔心的是，經濟依賴將構成網路與思想言論的干涉。

兩岸交流開放九年多來，根據《旺報》二〇一三年八月間所做的一份民調顯示，臺灣民眾對中國大陸的瞭解依然不足，雖然逾六成民眾認為中國大陸對臺灣很重要，但七成左右表示不瞭解中國大陸；超過六成民眾對中國大陸沒有好感，有七成民眾希望嚴格限制中國大陸錢潮、人潮入臺。顯見臺灣民眾對於中國大陸的潛在威脅仍存在著深沉的恐懼感。

從經濟面來看，財團和大企業往往是兩岸經貿往來的最大贏家，一般臺灣基層民眾很少能從中獲益，年輕人普遍無感。更深層的心理因素其實是對於中共的政治體制的不信任。兩岸交往，中國大陸強調民族大義，常說兩岸是一家人；但臺灣人民更在乎的是民生與民權。臺灣人民歡迎兩岸經濟合作，因為臺灣需要中國大陸市場；但有過半的臺灣人民希望政治上維持現狀，保持距離，因為對中國大陸政治體制仍有疑慮。

兩岸在經濟上有共同利益基礎，但政治與社會價值仍存在巨大的鴻溝，這是進入政治談判關鍵障礙。兩岸關係的發展應該從線性思考，轉為非線性思考：亦即藉由中華民族這個大框架，讓兩岸社會深入交流與相互理解，逐步縮小兩岸民主治理的落差，建立兩岸和平發展的「精神基礎」，也就是習近平強調的「心靈契合」；若急於求成，直接過渡到敏感的政治議題，反而欲速則不達。

臺灣民眾對中國大陸政府的負面印象，反映兩岸之間在民主治理上的落差，也成為臺灣人民選擇不統或拒統的對照指標。兩岸交流帶來印象改觀，有助於兩岸社會的理解與融合，但這需要時間。兩岸在經濟上有共同利益基礎，但政治與社會價值仍存在巨大的鴻溝，這是進入政治深水區的關鍵障礙。

兩岸未來要進入深水區，進行政治談判，還有許多障礙要排除。太陽花學運帶給兩岸關係的啟示是：兩岸應有耐心，通過了較長的和平發展期，等待政治社會、民主治理等條件成熟後，才是進行政治性協議的適當時機。

肆、學運後的兩岸關係主旋律：傾聽與溝通

《服貿》爭議引發學運後，在兩岸關係互動上，許多中國大陸涉臺學者認為至少有三方面的不

利影響：影響臺灣經濟發展與兩岸經濟合作；延緩兩岸經濟整合進程與臺灣經濟全球化參與；以及推遲兩岸政治對話進展。

太陽花學運以來，兩岸關係正經歷重要轉折，包括《海峽兩岸經濟合作架構協議》（Cross-Straits Economic Cooperation Framework Agreement, ECFA）後續協議、兩會互設辦事機構等談判遭逢瓶頸，臺資企業面臨轉型與罷工抗爭等風波，尤其《服貿協議》受挫延宕，學運反映臺灣青年對國家認同的歧異，使得兩岸互動發展籠罩著陰影。

當兩岸經濟交流效益逐漸淡化之際，如何進一步深化兩岸交流，始終是中國大陸當局念茲在茲的課題。二〇一二年中國大陸召開對臺工作會議，確立「一二九會議」精神後，爭取臺灣「三中一青」認同，便被中國大陸視為是邁入兩岸交流「深水區」重要突破點。

北京對臺工作近來明顯從「宣傳」形式轉為「傾聽溝通」模式，基本反映現階段的對臺工作需求，體現習近平強調的兩岸走向「心靈契合」的主旋律。

反《服貿》學運掀起的軒然大波，使北京具體地意識到對臺工作的盲點。中國大陸國臺辦旗下網站《中國臺灣網》發表評論說：張志軍赴臺，是一次「帶著耳朵的傾聽之旅」。這次訪問，可說是太陽花學運後，張志軍首度直接傾聽臺灣民意的大好機會；對中國大陸今後對臺政策的更貼近臺灣民意、減少誤判，有重大意義。

張志軍二〇一四年六月來臺，重點在走訪臺灣中南部，與各地基層民眾及青年學子交流；「三中一青」（中南部、中小企業、中低收入戶、青年）的基層訪問行程，除增添臺灣民眾對張志軍「好感」，試圖扭轉臺灣民眾對中國大陸高官訪臺過多黨政行程的「刻板印象」。

二〇一四年三月臺灣發生反《服貿》學運後，北京已多次表達願意傾聽臺灣各界不同民意的想法。習近平在「宋習會」說，兩岸青少年應多來往、多交流。我們認為反《服貿》運動過後，政府、學生、在野黨與中國大陸當局都應該沉澱心情、冷靜理性，以同理心彼此尊重，努力傾聽、對話與溝通，才能讓反《服貿》運動所帶來的衝擊，化危機為轉機，進而為臺灣經濟的全球化戰略與兩岸關係發展，找出一條活路。

伍、青年意向　兩岸關係大挑戰

在九合一選舉前，民進黨對於國民黨在立法院欲推動的兩岸相關法案就已強力杯葛，選後兩黨政治勢力翻轉，國民黨想要繼續推動相關的兩岸法案，勢必遭受民進黨更強勁的阻擋。以目前的政壇氛圍，多項兩岸爭議性法案想在立法院闖關，希望不大。

民進黨對於這次九合一勝選的解讀，是人民不信任政府，因此身為反對黨，將更有理由繼續杯葛兩岸相關法案；而對國民黨來說，選舉的挫敗、民意的反彈，也使得國民黨立法院黨團不願意再為政府的政策背書，更要求行政院在推行重大法案時，要獲得黨團立委三分之二的同意，才願支持，勢必使得多項兩岸爭議性法案的腳步放慢。

民進黨在二〇一二年總統大選失利時，曾有聲音認為民進黨缺少了兩岸的論述，無法讓民眾信服。但現今民進黨尚未提出更新的兩岸政策，就已在九合一選舉中大勝，或許民進黨的思考路線也將改變，認為兩岸政策也未必是民進黨邁向執政的最後一哩路。因此未來國民黨想繼續在立法院推動兩岸相關議案，民進黨反彈的力道將會越來越大。

隨著越來越多青年關心公共事務的現象發展，臺灣民意版塊出現結構性變化，不再是傳統的北藍南綠。青年族群恐中拒統的政治態度，以及反對兩岸經濟一體化的傾向，短期內難以改變。九合一選舉國民黨強打兩岸經濟牌，青年不埋單。尤其香港占中事件北京態度強硬，習近平在接見統派團體發表一國兩制，讓臺灣年輕人更加反感，國民黨的兩岸牌對青年選票反而是扣分。

另一方面，當前臺灣全球化生存戰略的基本邏輯是：先藉改善的兩岸政經關係來推進臺灣全球化（加入ＴＰＰ及ＲＣＥＰ），再藉臺灣全球化的政經網絡來節制兩岸關係，確保臺灣的主體性。臺灣若不能站穩腳步因應全球化，必然在經濟上更依賴中國大陸，從而在政治上更受中國的挾制。因此，以ＥＣＦＡ來穩定「兩岸經濟連結」是臺灣全球化生存戰略的一塊拼圖；若少了這一塊拼圖，就不用談加入ＴＰＰ及ＲＣＥＰ的全球化經濟戰略。

在全球化的浪潮下，中韓《自由貿易協定》（Free Trade Agreement, FTA）簽署後，臺灣面臨越來越嚴峻的外在威脅；但在內部政治上，抗拒兩岸經濟一體化的聲音也越來越大。中國大陸的政治改革、網路言論管制或人權保障，對臺灣來說都非操之在己的變項，卻是影響兩岸關係發展的重要因素。

《服貿》卡關是臺灣青年反對兩岸經濟一體化的結果，背後原因是對中共政治體制的不信任，成為兩岸邁入深水區最大阻礙。臺灣需要中國大陸市場，不可能中止兩岸經貿關係。臺灣青年婉君的興起，造成兩岸關係面臨新的挑戰。二〇一六不論哪一黨執政，臺灣朝野都必須共同面對。

2.3 「婉君」衝擊兩岸關係

九合一選舉後，從行政院施政報告、國民黨的敗選檢討報告，到朱立倫參選黨主席聲明，都強調要重視青年世代的聲音。臺灣最大的挑戰，無疑是在區域經濟整合的大趨勢之下，中國大陸經濟實力快速崛起，臺灣應該如何自處？青年選民是答案的關鍵。

從洪仲丘事件到太陽花學運，青年網路世代在社會運動與政治抗議扮演關鍵角色，進而在九合一選舉形成一股「清流」，影響輿論、扭轉戰局。

臺灣太陽花學運的經驗，對香港爭取「真普選」的占中行動不無啟示。相對於中國大陸集權體制的網路審查與控制，以及其對憲法保障公民權的漠視，香港青年仍在艱難地爭取普選權利，臺灣毫無疑問是華人世界最重要、也相對成熟的民主實踐場域；但臺灣青年高漲的民主意識，已然成為兩岸關係發展的重要變數。

年輕世代是網路原住民，網路就是他們的陽光與空氣。臺灣青年對於網路管制的中國大陸，難有好感。太陽花學運反《服貿》，除了經濟因素，更重要的是政治疑慮：他們擔心兩岸經濟一體化後，臺灣會成為下一個香港。香港占中事件更加深臺灣青年的排斥。臺灣青年最擔心的是，經濟依賴將構成網路與思想言論的干涉。

青年族群恐中拒統的政治態度，以及反對兩岸經濟一體化的傾向，短期內難以改變。尤其香港占中事件北京態度強硬，習近平在接見統派團體發表一國兩制，讓臺灣年輕人更加反感，九合一選舉國民黨強打兩岸牌對青年選票反而是扣分。

然而，臺灣全球化生存戰略的邏輯是：藉改善的兩岸關係來推進臺灣全球化，再藉臺灣全球化的政經網絡來節制兩岸關係，確保臺灣的主體性。因此，兩岸經濟連結是臺灣全球化生存戰略的拼圖；若少了這一塊拼圖，就不用談加入TPP及RCEP的全球化經濟戰略。

在全球化浪潮下，中韓FTA簽署後，臺灣面臨愈來愈嚴峻的外在威脅；但在內部政治上，抗拒兩岸經濟一體化的聲音也越來越大。中國大陸的政治改革、網路管制或人權保障，對臺灣來說都是影響兩岸關係發展的重要因素。

《服貿》卡關是臺灣青年反對兩岸經濟一體化的結果，背後原因是對中共政治體制的不信任，成為兩岸邁入深水區最大阻礙。但臺灣需要中國大陸市場，不可能中止兩岸經貿關係。臺灣青年婉君興起，讓兩岸關係面臨新的挑戰與困境。二〇一六不論哪一黨執政，臺灣朝野都必須共同面對。

2.4 太陽花學運的省思

太陽花學運過程的激情衝突，帶給臺灣社會與兩岸關係一場震撼教育。太陽花學運過程中三個主要的利害關係人——政府、學運參與者與中國大陸當局，都有值得省思檢討的地方。

壹、政府的省思

美國重要兩岸問題專家如卜道維、蘭普頓、葛萊儀、卜睿哲等人先後發表看法，指出《服貿協議》受阻將對臺灣造成負面影響。為什麼外國專家眼中對臺灣有利而且十分重要的《服貿協議》，會成為許多年輕人眼中的毒藥？

二〇一六年四月十三日，我恰巧在海洋大學的一場典禮會場外，有機會和二十幾位反《服貿》大學生對話近半小時。談完之後，我的感覺是：這些學生滿腔熱血，內心焦慮溢於言表，但他們真的不懂《服貿》。他們不清楚《服貿》條文中，有兩岸連繫、爭端解決機制與緊急磋商條款，以及ＥＣＦＡ終止條款等煞車機制；當然更不明白《服貿》對於臺灣區域經濟整合戰略的重要性。

當初兩岸簽ＥＣＦＡ，政府各部會全面總動員，宣導ＥＣＦＡ；反觀《服貿協議》從二〇一三年六月簽署至今近四年，民眾還是不清楚，可以說政府的溝通行銷出了大問題！在新媒體時代，網路世界的懶人包，徹底打敗了政府機器。年輕人寧願相信似是而非、資訊錯誤的懶人包，也不相信政府硬梆梆的政令宣導。

政府的相關單位事前溝通不足、事後宣導無效的問題，在這次太陽花學運中暴露無遺。太陽花學運之後，《服貿》審查進度延宕停擺，行政團隊的執行力與溝通力的問題必須正視，以因應新的挑戰。

貳、學運參與者的省思

太陽花學運傳遞的一些錯誤觀念，正逐漸衝擊維持民主社會穩定運作的重要基礎。在媒體的炒作下，太陽花學運彷彿成了聖潔崇高的圖騰，掩蓋本身看不見或不願面對的盲點。

首先是，一些人為了合理化脫序的群眾包圍或占據官署作為，「公民不服從」突然成了流行用語！許多人根本還沒搞懂究竟什麼是《服貿》，就跟著反《服貿》；還未認識「核四」是怎麼回事，就急著跳進來反核四。結果，明明是違法脫序的行為，就搬出「公民不服從」論調，彷彿占據了道德的制高點。

社會運動或公民不服從，應該在現行法律規範下進行？還是可以讓參與者視其重要性決定用非法方式進行？民主如果缺乏法治，就會淪為民粹政治。民粹政治一旦依照叢林法則，就極有可能成為暴民政治。也就是霍布斯與洛克所說的自然狀態（state of nature），遠離文明社會的秩序。

其次，當前臺灣全球化生存戰略的基本邏輯是：先藉改善的兩岸政經關係來推進臺灣全球化（加入TPP及RCEP），再藉臺灣全球化的政經網絡來節制兩岸關係，確保臺灣的主體性。《服貿》爭議理應不該自陷於藍綠統獨的內鬥層次，而應當將之視為「臺灣全球化生存戰略」的抉擇。太陽花學運只有衝撞體制，卻迴避面對「臺灣全球化生存戰略」的抉擇問題。

參、中國大陸當局的省思

面對太陽花學運激烈的民意反彈，中國大陸政府可能是最感到莫名其妙的一方。畢竟，政策優惠一向是中國大陸對臺政策的重點。《服貿協議》本是中國大陸送給臺灣的一份大禮，何以落得這般田地？這次由臺灣青年掀起的軒然大波，是否使中國大陸政府意識到對臺工作的盲點？

臺灣年輕世代之所以有恐中情結，更重要的是政治因素，享有言論自由的臺灣學生擔心的是，經濟依賴將構成思想言論的干涉。而北京所提供的治理模式，正是臺灣學生最感恐慌的原因。兩岸關係的發展應該從線性思考，轉為非線性思考：亦即藉由中華民族大框架，讓兩岸社會深入交流與相互理解，逐步縮小兩岸民主治理的落差，建立兩岸和平發展的「精神基礎」；若急於求成，直接過渡到敏感複雜的政治議題，反而欲速則不達。

反《服貿》運動過後，政府、學生、在野黨與中國大陸當局都應該沉澱心情、冷靜理性。以同理心彼此尊重，努力對話溝通，才能讓反《服貿》運動所帶來的衝擊，化危機為轉機，進而為臺灣經濟的全球化戰略與兩岸關係發展，找出一條活路。

2.5 解占中危機　北京須解放思想

香港占中行動，警察強力驅離抗議民眾未果，反激發十三萬人上街頭，港府口風放軟，決定暫緩政改方案諮詢工作。占中風潮難以平息，罷課還未收場，未來再加上一波波的罷工、罷教，香港政局出現回歸以來最大的危機。

香港政改的爭點在於，中國人大常委會所通過的政改決定，是北京慣性的維穩思考，即確保未來普選的香港特首，必須受到北京控制，猶如慈禧太后欽點的人選才能冊立為太子，香港人民當然不能接受這種關在鳥籠裡的假普選。

臺港民間交流日益頻繁，每到臺灣大選，許多香港學界與民間社團紛紛來臺考察取經。看過臺灣的真選舉，怎麼可能接受中共人大常委的鳥籠選舉？他們訴求的只是不能排除「公民提名」，讓港人有自由選擇權。對港人來說，過去香港特首受中共欽點，只能看北京的臉色辦事，在重大政策上只聽上意而忽略基層民意，香港人期待二〇一七能實施真普選，一吐怨氣。這股怨氣集結成為占中的龐大民氣。

香港人民占中，但並不反中。相對於臺灣社會而言，香港社會的中國意識還是比較強烈的，他們所爭的只是民主權利。如果北京堅持不妥協，站在香港民意的對立面，導致香港社會的長期動盪不安，有無可能造成中港關係由量變產生質變，使得香港人在國家認同上出現反中聲浪，反而助長港獨的能量？對北京而言，與民意對幹的風險太大，得不償失。處理香港政改問題，北京若堅持強硬霸道、捨棄王道，終將失去民心，也有失去香港的危機。

一國兩制原本是北京對臺統戰的樣板，在香港回歸後一國兩制成為垂範臺灣的實驗櫥窗。當初鄧小平提出「港人治港、高度自治」的承諾，如今習近平不埋單，實驗櫥窗破了個大洞。看在臺灣人的眼裡，對於一國兩制的負面評價更加定型化，兩岸之間的心理距離拉得更遠，兩岸未來要進入深水區，恐怕險阻重重，寸步難行。

中共領導人常說要建立「中國特色的社會主義」、「中國特色的民主政治」。其實中國老祖宗早有「天視自我民視，天聽自我民聽」這種由下而上的民主思想。

黃宗羲在《明夷待訪錄》說：「古者以天下為主，君為客」、「天下之治亂，不在一姓之興亡，而在萬民之憂樂」。所以中國特色不該是違背民主人權普世價值的擋箭牌。

習近平說，「盼共同推進兩岸關係和平發展，鼓舞兩岸同胞團結攜手，同心實現中華民族偉大復興的中國夢」。中國夢不能只是追求國富兵強的民族主義，也應該包含追求人民權利保障與自由的民權主義。

如何處理香港占中，考驗中共領導人的智慧與格局。中國大陸當局不僅要學習傾聽、包容、對話，更要懂得尊重差異、包容多元。北京應該解放思想，把香港普選做為中國與世界接軌的視窗，也做為兩岸四地華人社會追求現代化與民主化實踐的里程碑。如此才能化危機為轉機，營造多贏的局面，將中國夢放大格局，成為兩岸四地共同擁有的「中華夢」！

2.6 兩岸與兩韓　統獨難解

朝鮮半島最近情勢緊張，北韓的邊緣外交引發中美之間猜忌，造成分化效果。動作頻頻的朝鮮半島與民進黨重新執政的臺海情勢，都涉及美中之間大國角力，形成亞太地區區域安全的焦點。

二次大戰後全世界因為共產主義革命而分裂的四個國家，德國、越南、南北韓、中國大陸與臺灣，德國與越南已經統一，遺留下兩韓與兩岸的統獨問題。兩韓與兩岸相同之處皆為民主政體與專制政權的對峙分裂；不同的是實施民主政治的南韓積極想統一，而臺灣現階段主流民意是維持現狀、不想統一。

馬習會是兩岸國家領導人第一次會面，相對來說，同為分裂的兩韓，領導人已有兩次會面經驗。打開兩韓領導人第一次見面對話的南韓總統是金大中，二〇〇〇年六月金大中踏上平壤與北韓領導人金正日簽署《六一五宣言》五項協議。當時，南韓人認為兩韓自始走向和平之路，統一可期。但後來證明兩韓關係並未改善，只給金大中頭上戴上一頂諾貝爾和平獎的帽子。

第二次與金正日見面的總統是盧武鉉。他不僅以金大中的「陽光法」後繼人身分，並且任期只剩下四個月的緊迫情況下，於二〇〇七年十月突訪北韓，與金正日簽訂八項協議。當時，盧武鉉政績不佳，欲以兩韓領導人會面拉抬該黨總統參選人鄭東泳，結果苦嚐失敗。

兩次領導人會談，雖都曾呈現一時風光景象，但如今兩韓改朝換代後，又從零開始。南北韓雖已舉行兩次高峰會，且對北韓實施陽光政策達十年，卻根本沒有任何改變可言。

南韓認為，至今南北韓仍然無法緊密交流與合作的最根本原因，是北韓為了要鞏固金氏世襲政權，阻礙骨肉相見，且相互敵視。北韓一天不變，擁核自重且固守世襲政權，南北韓間的合作與交流就很難突破。

另一個變數是韓國年輕世代對於統一看法的轉變。一九九二年韓國曾經對全國高中生做民意調查，當時認為應該要統一的有百分之三十五，不需要統一的有百分之二十六；二〇一五年的調查認為應該要統一的降至百分之十五，認為不需要統一的大幅成長至百分之四十二。這個現象跟臺灣類似。

統一需要錢，而且為了提升北韓經濟，肯定會拖累南韓的經濟發展節奏，但南韓政府認為「統一的代價遠低於分裂的代價」，除了常備軍與武力軍備的大幅度縮減獲利之外，南韓希望合作開發北韓的礦物資源，利用北韓的人力與南韓的資金和技術，大規模展開經濟建設。樂觀預估南北韓統一之後，每年經濟成長率可達百分之十一。不過，南韓的年輕世代買不買帳？仍有待進一步觀察。

兩韓與兩岸同樣需要的是時間與同理心，以拉近彼此的政治社會認同。如果有一天，雙方的生活與價值觀相近且相融，意識形態與制度也不再有衝突，再談統獨，就不會是難事。

2.7 民共僵局如何解套？

北京要蔡英文對九二共識表態，但要民進黨完全接受九二共識是不太可能，主要有兩個原因：第一，九二共識是國民黨政府所遺留下來的歷史遺產，基於政黨品牌定位與選票考量，民進黨不可能照單全收。第二，臺灣方面主張的九二共識內涵是「一中各表」；而中國大陸所說的內涵只有「一中原則」也就是「一中不表」。因此民進黨認為九二共識是「沒有共識的共識」。

前總統馬英九在馬習會公開致詞沒有說出「一中各表」，民進黨許多重量級的政治人物，包括謝長廷、陳菊等人都表達惋惜遺憾。換言之，一中各表是臺灣內部藍綠比較有交集的共識。

民共之間縱使政治互信比較薄弱，也缺乏共同的政治基礎，但蔡英文做為負責任的執政領導人，必須誠實面對民共對立的政治僵局，尋求新的政治解套契機，以更積極的態度找到雙方可以忍受或諒解的政治替代方案來對接「一中問題框架」。「中華民國憲政體制說」是個新的政治嘗試與開端，如何用更具體的政治論述及宣示來體現九二共識的核心意涵？

中國大陸方面比較不擔心民進黨會往「法理臺獨」的方向走，但對於民進黨會不會配合美、日搞圍堵中國大陸的「政治同盟」感到憂慮，甚至對民進黨執政後對於《服貿》、《貨貿》、加入亞投行、加入TPP、RCEP、兩岸互設辦事處等具體議題的可能想法相當關心，認為是否有可能朝向柔性臺獨、文化臺獨及和平臺獨的方向發展？

蔡英文當選後的兩岸關係發展走向，是相當嚴肅的挑戰，臺灣如何在新民意與「親美、友日、和中」的政治戰略平衡賽局中維繫住自己的生存命脈？蔡英文又如何在「馬習會」後框定兩岸維持現狀的架構下，找到可以讓中國大陸當局接受的替代方案？或許是蔡英文相當兩難的政治抉擇與考驗，但卻是蔡英文很難迴避且必須面臨的兩岸新局勢！

蔡英文應提出的論述是「現在一中各表、未來民主一中」，這個論述某種意義上與《國統綱領》異曲同工，臺灣內部藍綠有共識（強調民主），北京可以容忍（體現一中），紅藍綠之間找到交集，在中國民主化之前，兩岸分治而不分裂，兩岸新政治關係的建立須通過民主機制。事實上蔡英文擔任陸委會主委在立院答詢的時候，也曾說出九二共識就是「各自表述一個中國，一個中國就是中華民國」。

兩岸領導人必須相向而行，兩岸關係才可能有進展，北京也要有新的思維。北京過去一貫主張「中華民國在一九四九年已經消失了」，使中華民國政府在國際空間失去自尊繼而喪失自信，失去了對中國的認同感、民族責任心與「我群感」，進而失去了給臺灣人民一個維繫「中華認同」的合情合理之基礎。

北京的「去中華民國化」，在臺灣的效應就是「去中國化」，臺灣人民的「中國認同」亦日趨淡漠疏離。臺灣的「中華民國意識」之耗弱與淘空，與中共的「去中華民國化」有必然關聯。事實上，中華民國是兩岸人民認同一中的連結臍帶，通過《中華民國憲法》與歷史記憶，臺灣人民才能夠將臺灣認同連結到中華民族認同，也才能與中國認同形成一種包容交集狀態，而非互斥對立。

不要掏空中國認同在「兩岸尚未統一」的情態中，北京若欲臺灣人民「以維持中華民國，來維持中華連結」，則中華民國自應在「一中框架」中有合情合理的地位。北京應公開宣示，九二共識內涵可以是「一中各表」，呈現九二共識包容中華民國的政治意涵，民共僵局將出現解套契機。

2.8 一中各表　未公開說出的遺憾

兩岸領導人的會面，象徵著向國際宣示兩岸彼此互不否認政治實體的重大里程碑。但嚴格說起來，馬習會是一九四五年國共兩黨領導人蔣毛在重慶會談七十年後，兩岸領導人首度會面。不同的是，重慶談判時，國共兩黨為了爭奪中原江山，各懷鬼胎，會談中毛澤東高喊「蔣委員長萬歲」，會後《雙十協定》形同廢紙，內戰悲劇終究無法阻止。如今兩岸領導人的會面，除了國共兩黨之外，多了一個重要的利害關係人——民進黨。藍綠之間存在爭奪臺灣政權的矛盾，而藍綠與紅之間存在國家主權的大小矛盾，三國演義般的關係讓馬習會更顯劇情張力。

馬習會在「一中原則」下舉行，但互不稱「中華人民共和國主席／中華民國總統」，卻在實際上實現了總統與主席的會面，互稱「兩岸領導人」。事實上這個場景已接近相互接受為「政治實體」，否則即不能「互以兩岸領導人的身分」會面。

換句話說，此次馬習會確立了兩岸之間「一中各表」的事實存在。馬習會的共同詞彙是「中華民族偉大復興」與「九二共識」。馬習向國際社會，同時也向民進黨展示，九二共識是鞏固兩岸和平發展的政治基礎，日本《讀賣新聞》標題寫「中台首腦初會談　確認一個中國」，正是北京想要的。對我方而言，馬前總統在公開致辭時，沒有提到「一中各表」與「中華民國」兩個關鍵詞，失去了在國際與兩岸間凸顯中華民國客觀存在事實的最佳機會。對方不提中華人民共和國，我方也不提，似乎符合對等原則。

然而，一中各表卻是我方必須要提的關鍵密碼！理由很簡單。

第一，馬前總統在行前記者會表示，希望透過馬習會的舉行讓兩岸領導人會晤常態化邁出第一步，也是為下一任的中華民國總統搭橋。不論哪一政黨候選人當選總統，很顯然的，一中各表的可行性比一中原則高。一中各表是臺灣內部藍綠比較有交集的共識。在國際媒體面前不提一中各表，失去了展現中華民國元首維護臺灣尊嚴的高度，真是可惜了。馬前總統在記者會說，在閉門會談中有說出中華民國，以及當面向習近平釐清九二共識的內涵。但公開說與閉門說的效應天差地遠，北京可以否認或不承認閉門的對話。

其次，馬前總統若在國際媒體面前公開說出一中各表，可以讓國內民眾安心、讓國際社會清楚兩岸在一中詮釋上的差異（這點很重要）。因為，一中各表最重要的意涵，是透過各表，可以確保中華民國的主體性。有了一中各表，可以確保臺灣媒體的新聞自由與人民的言論自由；有一中各表，可以確保臺灣的電視全程直播習近平與馬英九的講話，不會像央視一樣，在馬前總統致辭講話的時候切換畫面，且只轉播張志軍記者會，沒有轉播馬前總統記者會，不讓民眾有知的權利。

馬習二人攜手，吸引了全球的注目，但也讓全世界看到兩岸在政治制度與價值認同上，越走越遠。馬習會熱鬧風光的過程中，所凸顯的兩岸政治體制與民主自由價值觀的差異，直接衝擊到臺灣年輕世代對於兩岸關係未來發展的看法，必將成為兩岸進入深水區的結構性隱憂。

2.9 「兩國」起烽火　不如兩岸一制

臺北市長柯文哲日前接受外媒專訪，拋出「兩國一制」說法，引發輿論批評。柯文哲隨後稍作「修改」，稱北京聽到「兩國」這個字眼就中邪，以後只講「一制」。柯文哲說，雙方必須要深化交流，使文化上的差異減少，「一制」才是最重要的，如果一開始就打著「兩制」而湊不起來，也只是貌合神離而已。

兩岸關係有其複雜性，關鍵在於兩岸歷史問題和政治體制的糾結。兩岸分裂分治的現狀，是源自國共內戰遺留的歷史問題。兩岸的憲法都主張一個中國（我方主張一個中國就是中華民國），所以在法理主權上，兩岸是重疊的。但兩岸要交流合作，就必須承認分治的現實，因此九二共識（各自以口頭表述一個中國）遂成為穩定「互不承認主權、互不否認治權」現狀的政治基礎。

「九二共識」在兩岸之間，本質就是「一個共識，各自表述」。北京要的是「一中」象徵意義；臺北要的是「各表」的空間，彼此都滿足對內交代的政治需要。如此兩岸才能擱置主權爭議，進行談判、解決問題。

九二共識具有穩定主權爭議的階段性功能，但對於未來兩岸關係發展的走向，留下空白，不做處理。我過去多次主張，兩岸關係發展關鍵在兩岸人民的心理距離。根據媒體歷年所發布的國族認同民調結果顯示，在民族認同上，臺灣民眾對兩岸的血緣歷史、語言文化、民俗宗教有高度認同；但在國家（state）認同上，臺灣社會最大公約數是中華民國。另一方面，臺灣民眾認為兩岸最大分歧是「社會生活與價值觀」、「意識形態與制度」，兩者都涉及兩岸現實政治制度的歧異。

兩岸政治社會差距的拉近，涉及民主治理與政治改革。但中國大陸人口多，區域差異性大，北京強調絕不會照抄照搬西方的制度，堅持中國特色的社會主義發展道路。兩岸社會在人權民主的差距，絕不是五年、十年就可以拉近的，兩岸需要的是時間與耐心。如果有一天，這個社會差距縮小，兩岸的制度與價值觀相近且相通，意識形態與制度也不再對立矛盾，再談統合或統一，就不會是無解僵局。

只要經過臺灣人民同意，兩岸關係發展本來就不排除統一（民進黨也同意這點）；前總統陳水扁也曾主張「未來一中」、「兩岸統合論」。關鍵在於中國大陸民主化才能根本化解兩岸主權衝突的價值分歧，建立兩岸永續的和平發展。

柯文哲的「一制」，跟《國統綱領》的中程階段主張類似，即先縮短兩岸人民生活社會差距，再談遠程政治協商。只不過前面放了「兩國」，被解讀為兩國論、臺獨的變形，破壞兩岸擱置主權爭議的默契，反而扭曲了一制的戰略意義。與其用「兩國一制」或只講「一制」，不如用中性的「兩岸一制」，較為妥適。看來柯P在兩岸關係上，還得補修學分。

2.10 川普嗆一中　兩岸更需善意彈性

二〇一六年十一月底中國社科院台研所所長周志懷稱，兩岸可以另尋新共識，只要有相應的核心意涵，並不需拘泥於「九二共識」一詞。周的訊息意味著北京不想讓兩岸僵局持續惡化，還在期待蔡總統的元旦文告。但十二月初的英川通話吹皺中美臺三邊關係的春水，使得陸方重新評估是否對臺灣繼續保持彈性善意。川普嗆一中，把臺灣當談判籌碼的說法，讓僵化的兩岸關係雪上加霜。

回顧兩岸關係發展三十年的演進歷史，一旦中共的對臺政策僵硬，則兩岸關係就陷入僵局，難有突破。早期中共在國際間提出的一中三段論：「世界上只有一個中國，中華人民共和國是代表中國的唯一合法政權，臺灣是中國的一部分。」讓臺灣人民大為反感。汪道涵在辜汪會談說「兩岸統一不是誰吃掉誰的問題，而是兩岸平等協商，共同締造新中國」，則令外界眼睛為之一亮。

毛澤東曾說過「統戰就是把朋友變得多多的、敵人變得少少的」，但現在北京對臺的手段方法卻是恰恰相反，採取「非藍即綠、區隔對待、寧左勿右」的原則。只要民進黨政府不承認九二共識，除了官方中止協商之外，所有民間的互動交流全面堅壁清野，禁止與綠營背景人士接觸。

在兩岸政治基礎目前尚無交集的情形下，北京採取區隔對待，區隔地方跟中央的態度，也區隔出有無政治互信的地方政府。對沒有政治互信的民進黨執政縣市，採關閉交流的方式。區隔對待的最大問題是波及無辜，比如說陸客觀光不進臺北、桃園、臺中等綠營執政縣市，可是這些縣市都有相當比例的藍營選民，區隔對待的結果就是得罪自己的朋友，反不利於對臺統戰的目標。

兩岸交流的區隔對待、堅壁清野策略，封閉了對話溝通的機會之窗，無助於改善民共僵局的惡性循環。紅綠之間若缺乏溝通對話的管道，將會陷入「缺乏溝通、誤判解讀、導致敵意螺旋上升」的困境，形成兩岸關係周期性緊張的根源。

川普上台為兩岸關係增添不確定因素，對兩岸雙方是禍是福難以預測。目前看來，不按牌理的川普風格將帶給北京更多的嚴峻挑戰。同樣的，川普極度現實的商人性格，把臺灣當成與中國談判的籌碼，對臺北而言，是禍不是福，對兩岸關係的負面衝擊不容小覷。所幸目前小英政府並未見獵心喜，保持低調自制；我們也期盼北京當局保持冷靜理性，千萬不要因此而關掉兩岸善意互動的機會之窗。

臺灣政黨輪替已經成為新常態，川普主義成為中美臺關係的不確定變數，兩岸關係發展也確實到了需要創新思路的關鍵期。兩岸關係和平穩定的關鍵，還在於兩岸能否彼此釋放善意、相向而行。兩岸雙方除了要有善意、耐心，更需要創意與彈性，相向而行尋找交集，才能逐步建立互信，維護永續的兩岸和平。

Part 3

臺灣的內外挑戰

3.1 參加ＴＰＰ　臺灣準備好了嗎

馬前總統二〇一二年九月二十八日接見美國亞太經合會資深官員柯夏譜時表示，目前臺灣與新加坡、紐西蘭的《經濟合作協議》（Economic Cooperation Agreement, ECA）都在快速進行，與中國大陸的ＥＣＦＡ後續協商也希望年內能有成果，和美國的《貿易暨投資架構協定》（Trade and Investment Framework Agreement, TIFA）協商也已排除障礙，若二〇一三年與美國協商又有進展，臺灣也許有機會進一步商量參與ＴＰＰ的問題。

儘管臺灣近年來很積極參與雙邊的ＦＴＡ談判，例如臺星、臺日、臺美、臺澳（紐）、臺印等。每隔一段時間政府總會宣稱「談判順利」，但事實是臺灣與主要貿易國家的ＦＴＡ至今未有突破性進展，進而完成簽署。馬政府希望八年內加入ＴＰＰ，究竟是務實的目標，還是挑戰不可能的任務？

ＴＰＰ與東協10+3，代表的是以美國為首的「亞太主義」和以中國為首的「東亞主義」之間的較勁。美國試圖以太平洋區域的霸權地位來主導ＴＰＰ，欲與中國大陸所主導的從東協10+3到中日韓自由貿易區、再到東協10+6的目標相對抗。新加坡、汶萊、馬來西亞、越南四個國家是ＴＰＰ與東協的重疊會員，臺灣最理想的狀態是像這四國般左右逢源，能夠同時加入東協與ＴＰＰ；但短期內加入東協有政治上困難，加入TPP就成為替代的終南路徑。

TPP是一個大型的FTA，根據國際貨幣基金會的數據，參與TPP的九個成員國若完成談判，將形成一個五億人口的市場。九國GDP為十六點六兆美元，約占世界GDP總量的百分之二十七點二，特別是在日本加入後，TPP的GDP總量將提高到二十二點三兆美元，占全球的百分之三十五點五。TPP勢必發展成為全球最大的自由貿易區。臺灣若能加入TPP，將一舉解決雙邊FTA的困境，國際經貿地位與影響力將大大提升。

對臺灣而言，ECFA是臺灣參與亞洲區域經濟整合的門票；TPP則是臺灣經貿實力能否升級的嚴格試煉。TPP是全方位經貿自由化的協定，自由化程度更勝於WTO，所涉及的產業包括工業、服務業、農業等，所涵括的協定範圍有勞工、環境、競爭政策、市場透明、投資、反貪腐、金融服務、電信、電子商務、政府採購等。TPP將超越普通雙邊貿易協定的範疇，成為一套多邊貿易協定的樣本，這也為向來以雙邊FTA框架的經濟合作模式，轉向到多邊經濟合作發展的新模式。

政府在二〇一二年八月十二日成立「國際經貿策略聯盟布局小組」，由行政院長任召集人，宣示政府推動加入TPP的決心，但能否「盡快加入」的關鍵在政府的治理能力。八年內來得及完成經貿體制全面大翻修嗎？臺灣曾在加入WTO時，大修經貿法制，這次臺灣有辦法再次翻修得與國際最先進自由經濟體掛鉤嗎？

除了七大工商團體的參與之外，包括受衝擊產業的輔導升級與轉型、弱勢產業勞工的轉業輔導與訓練、修法過程中向相關產業公會與工會進行雙向溝通等，都需要跨部會通力合作，並透過公私協力的治理模式，引進民間參與，才能克盡全功。

另一方面，亞洲區域經濟整合牽涉中美兩大強權的較勁，臺灣必須步步為營，避免兩岸ECFA和以中國大陸為核心的東亞經濟圈，因我參與TPP捲入中美權力競爭而產生利益衝突與對立，陷入左支右絀的困境。

TPP和FTA一樣，都不是白吃的午餐，是要付出代價的。臺灣必須整合各部會與民間的力量做好準備，妥善因應開放市場所帶來的挑戰。面對這些難題，臺灣，準備好了嗎？

3.2 《服貿》不過 韓國得利

《服貿協議》至今仍卡在立法院，民意支持的氛圍尚有不足。從二〇一二年至二〇一三年，共做過三次有關《服貿協議》的民調，第一次是二〇一二年十一月做的民調，當時尚未簽署《服貿協議》，有百分之七十三的民眾表示支持兩岸《服貿協議》進行協商。但在二〇一三年九月的調查中，表態不支持《服貿協議》的民眾達百分之四十五，高於表態支持的百分之四十。

這個結果顯示媒體訊息紛雜，民眾感到困惑，行政部門有必要加強溝通與論述；另一方面也反映了民眾對於中國大陸的體制與動機有不信任感。

二〇一三年八月《旺報》所做的民調顯示，雖然逾六成民眾認為中國大陸對臺灣很重要，但七成左右表示不瞭解中國大陸；超過六成民眾對中國大陸沒有好感，有七成民眾希望嚴格限制中國大陸錢潮、人潮入臺。顯見臺灣民眾對於中國大陸的潛在威脅仍存在著深沉的「恐中情結」。

反對《服貿》的民間宣傳車上的標語，就寫著「中國《服貿》錠，藥到命除」。恐中情結是反對《服貿》的心理因素，參雜對中國大陸體制的不信任感：擔心中國大陸的企業多有官方色彩，動機不單純；陸資資本雄厚，不惜削價競爭以併吞市場；臺灣恐將被鎖進中國等。

臺灣部分民眾擔心中國大舉入侵，但審視反《服貿》的理由，充斥著資訊錯誤或誇大渲染對國內產業衝擊的假議題。開放陸資四年來（二〇〇八至二〇一二年），共有三百九十八家中國大陸企業來臺，投資額不到八億美金，來臺的中國大陸幹部只有兩百一十六人，在臺灣創造了六千七百七十一個工作機會。

二十多年前臺灣就開放外國洗衣業來臺，至今只有兩家來；小汽車租賃也只有一家外資，對國內業者幾乎沒有衝擊。已開放陸資來臺投資項目，如中藥材批發中國大陸來了兩家，後來只剩一家；中國大陸的餐飲業來臺投資的俏江南、小肥羊、全聚德在臺灣的業績並不好，對臺灣業者影響不大。

其實相較於中國大陸，臺灣的服務業具有競爭優勢，我們真的不必自己嚇自己。臺灣服務業屬於相對成熟的經濟體，有技術、研發、人才與完善的培訓管理制度，堅強的軟實力是臺灣在中國大陸發展服務業的一大優勢。政府保證透過稽核管理機制，嚴格把關陸資來臺投資，但民眾與業者對上述把關機制並不清楚，政府相關單位有必要加強宣導，降低民眾疑慮。

反《服貿》團體把中國大陸當成主要敵人，是搞錯方向。其實，臺灣經濟的生存發展最大的威脅是來自韓國。韓國對外貿易的出口地區和主力產品都與臺灣高度重疊。二〇〇九年兩岸洽簽ＥＣＦＡ，韓國十分緊張，當時的總統李明博為此召開內閣會議，研商如何因應Chinwan（China加Taiwan）經濟體的形成。

韓國近年來積極對外洽簽ＦＴＡ，數量高達四十多個，其中不乏美國、歐盟等主要經濟體。韓國前總統朴槿惠上任後就率團訪問中國大陸，就是為了ＦＴＡ。對臺灣來講，這關係到生死的問題。韓國與美國簽署ＦＴＡ後，很多原來臺灣接到的訂單，現在接不到了；如果韓國與中國大陸也簽署ＦＴＡ，將影響臺灣在中國大陸市場占有率。中韓ＦＴＡ首階段談判已完成，一旦搶在兩岸ＥＣＦＡ後續談判完成前生效，臺灣將優勢盡失。

根據世貿組織（ＷＴＯ）資料推估，臺韓貿易實力差距愈來愈大。到二〇一五年不僅中日韓ＦＴＡ簽署完成，包括ＴＰＰ、ＲＥＣＰ都將生效，臺灣經貿邊緣化危機已迫在眉睫。尤其，南韓目前已簽署八項經濟協議，涵蓋四十五國；而臺灣僅簽署六項，涵蓋七國。二〇一二年韓國貿易量已達到臺灣一點八七倍，推估到二〇二五年將會突破三倍。競爭對手的攻城掠地讓人「步步驚心」，臺灣因朝野對立還在「原地踏步」！

臺灣的ｈＴＣ在國際市場被韓國的三星壓著打，臺灣的國際競爭力已經落後於韓國，我們卻還陷在虛誇的恐中情結，走不出來。政府在《服貿》的行銷溝通策略上，應該思考如何把「恐中情結」轉換成「抗韓情結」。

從楊淑君黑襪事件後，臺灣民間累積強大的抗韓情緒。不管在棒球、籃球、跆拳道等國際賽事，只要是臺韓大戰，必然是全民沸騰。當前政府最重要的工作，是要讓民眾知道韓國對臺灣的經濟威脅：《服貿》不過，是韓國得利，臺灣受害。因此，如何說服民眾「恐中不必要，抗韓是王道」，也許是扭轉《服貿》民意氛圍的特效藥！

3.3 中國大陸「招才引智」策略對我之影響及因應之道

壹、中國大陸「招才引智」策略

中共中央辦公廳、國務院辦公廳在二〇一六年二月公布「關於加強外國人永久居留服務管理的意見」（簡稱「意見」），宣布大幅放寬中國綠卡的申請條件。將從「招商引資」逐步轉向「招才引智」，並放寬外國優秀留學生等境外人士在中國的工作限制。日後只要取得「中國綠卡」，將可享有加入中國大陸社會保險在內各項準公民待遇。

中國與全球化智庫諮詢委員會理事長王輝耀表示，中國大陸的新綠卡政策，是中國首次針對外國人居留公布的國家級政策，反映了全球化人才流動的趨勢。他指出，「過去三十年，中國專注於吸引外資；未來三十年，中國將轉向外才」。

中國大陸二〇〇四年八月公布並實施《外國人在中國永久居留審批管理辦法》，外國人一旦獲得永久居留資格，將能取得「外國人永久居留證」，即俗稱的「中國綠卡」，但實施迄今發放綠卡數量卻十分有限。至二〇一四年，中國大陸總共只發放四千九百多張綠卡，等於平均每年發放數量還不到五百張，與美國一年發放百萬張左右的綠卡數量形成強烈對比。

「意見」提出，將完善永久居留服務管理體制，設定靈活務實的永久居留申請條件，為國家需要、市場認可的人才申請永久居留提供便利通道，放寬外國優秀留學生在華工作限制，並實施積極的投資移民政策。

當兩岸經濟交流效益逐漸淡化之際，如何進一步深化兩岸交流，始終是中國大陸當局念茲在茲的課題。二〇一二年中國大陸召開對臺工作會議，確立「一二九會議」精神後，爭取臺灣「三中一青」認同，便被中國大陸視為是邁入兩岸交流「深水區」重要突破點，爭取臺灣青年到中國大陸創業就業，成為重點工作。

兩岸青年創業合作的全面發展是在二〇一二年之後。隨著中國大陸對兩岸青年交流工作的日益重視，尤其在各級政府的推動下，兩岸青年創業園的合作逐步進入快速發展階段。截至二〇一五年八月底，中國大陸各地區與臺灣不同青年創業機構或團體所簽署的合作權益框架達到八十七個，中國大陸不同行政區辦（省、計畫單列市、地級市、縣）以各種名義命名的兩岸青年創業園、科技園、孵化器等合計兩百二十多個。

貳、對我方之影響

從中國大陸的角度，推動兩岸關係和平發展，青年是不可缺少的重要力量。在臺灣人口之中，十五至四十四歲的青年人口接近一半，而且每年幾乎都有三十萬左右的首投族成為合格選民，他們的投票傾向影響著臺灣政局發展。兩岸青年是中華民族未來經濟、社會發展的中流砥柱，為兩岸青年就業創業提供相應的機制和平台，一方面提升兩岸經濟競爭力，更重要的是強化臺灣青年的「中國認同」。因此，對北京而言，做臺灣青年的工作就與兩岸關係的未來發展有著巨大而直接的影響。

一、臺灣青年對在中國大陸就業的看法

對於臺青是否願意到中國大陸工作，根據《聯合報》調查顯示，二〇一四年由於受太陽花學運影響，赴中國大陸就業雖然較受三十歲以下青年青睞，但年輕族群有意願赴中國大陸就業的比例從二〇一三年的百分之四十八降至二〇一四年的百分之四十，回復到二〇一二年的水平。而在不願意到中國大陸工作的原因當中，薪資變少和工作壓力大是兩大主要原因。

不過，隨著太陽花學運影響的減弱，臺灣青年赴中國大陸工作的意願有所增加。至二〇一四年底，有百分之六十的十八到三十五歲的臺灣青年非常願意或願意到中國大陸工作；有近百分之四十

的人表示不太願意或非常不願意。特別需要指出的是，這一結果在不同地域之間和不同年齡層之間的差異並不明顯。

對於到中國大陸工作，臺灣青年最在意的是工資收入和福利保障；其次是兩岸文化差異，擔心難以適應當地生活。值得注意的是，根據臺灣TVBS電視台，二〇一五年三月《中國進行式》節目所公布的「臺灣青年西進赴大陸就業民調」結果顯示，臺灣二十到四十九歲的青壯年超過半數認為在中國大陸就業的薪水與發展比臺灣好。

臺灣青年赴中國大陸創業、就業中面臨的問題以及真實意願，上海社科院台研中心曾針對臺灣大學生進行問卷調查，得出以下結論：

（一）九〇後的臺灣大學生追求小確幸，力求維持有質量、有品味、有尊嚴的生活。

（二）經濟壓力是受調查大學生不願意去中國大陸嘗試創業的主因。一旦前往中國大陸實習與發展，就失去在臺灣工作收入及社會網絡，如何彌補兩者之間的落差是促進兩岸青年創新創業的重要前提之一。

（三）調查顯示，中國大陸對環境生疏與基礎設施改善的宣導，能夠提升臺生前往就業意願。

（四）除了兩岸的意識形態差異外，一直被臺灣媒體廣為流傳的「行業規則」是造成臺灣大學生赴陸感覺不適應的最大因素，而人身及財產的安全更是臺生赴陸創業就業過程中最關切的議題。

（五）臺灣大學生很少在主觀上主動去瞭解中國大陸的惠臺政策（在臺灣傳媒上和官方解讀中，相關政策往往被歸類予統戰），這也可解釋中國大陸方面感覺做的很多，讓利與實惠不少，卻得不到臺灣青年更多認同的主要原因。

（六）中國大陸提供創業貸款的政策優惠並非臺生最關注的議題，臺灣青年最需要的是「赴中國大陸就業與創業的意願」。調查顯示，透過臺生較為熟悉的臺資企業與臺生形成對接，是最能給臺生提供創業動力的對接載體。

（七）創業區域基本集中在沿海，尤其是以上海為中心的長三角地區，對中西部地區的關注度則比較低。

二、經濟吸力與政治排斥的交互作用

近來中共領導人的說法，從過去的經濟合作轉為「經濟融合」，但這恰恰是太陽花學運所疑慮的「兩岸經濟一體化」。太陽花學運的青年，部分是反對《服貿》黑箱程序；有部分是反對兩岸經濟一體化。反對經濟一體化的原因，不是經濟層面，而是政治社會因素。一方面，《服貿協議》會帶來兩岸的人員流動，令臺灣年輕人擔心未來生活周遭充滿陸幹、陸勞；另一方面，是害怕臺灣經濟過於依賴中國大陸，導致在政治上逐漸受中國大陸控制。

有學者稱臺灣一九七〇年後出生的年輕人是「網路原住民」，從小就習慣生活在網路世界，網路就是他們的陽光與空氣。臺灣青年對於網路管制的中國大陸，在先天上難以有好感。

太陽花學運反《服貿》，除了經濟因素，更重要的是政治疑慮：他們擔心兩岸經濟一體化後，臺灣會成為下一個香港。香港占中事件更加深臺灣青年的疑慮與排斥。享有言論自由的臺灣青年，最擔心的是，經濟依賴將構成網路與思想言論的控制。生活習慣與政治社會體制的差異，是許多臺灣青年不願持中國綠卡（或到中國大陸創業）的重要原因。

越來越多青年透過網路關心公共事務，青年族群恐中拒統的政治態度，以及反對兩岸經濟一體化的傾向，短期內難以改變。但另一方面，中國綠卡與創業園區增加中國市場的吸引力，對部分政治意識不明顯的臺灣青年，還是有一定的吸引力。

根據Oxford Economics 2012年出版的《全球人才2021》報告，臺灣在二〇二一年將面臨嚴峻的人才缺口。波蘭、日本、臺灣列為人才短缺最嚴重的三個國家。臺灣不少產業面臨高階人才外流，基層人才不足的窘境。當中國大陸以高薪或優惠條件向臺灣青年招手，長此以往，無異是對我國人才短缺的危機雪上加霜。

參、我方因應之道

中國大陸青年與臺灣青年創業有所不同，中國大陸青年創業大多選擇在中國大陸創業為主，很少人去海外，畢竟中國大陸市場比較龐大、資源多；而不少臺灣青年會到中國大陸或海外創業，畢竟臺灣內部市場小，資源比較缺乏，除非是小本經營，整體來說機會有限，競爭激烈。臺灣創業青年在這種大環境下想要成功，就必須走出去開拓市場，這可能是兩岸創業者不同的地方。

現階段臺灣青年到中國大陸就業創業的意願不高，主要還是對於中國大陸的生活環境不適應（如行業規則），排斥其政治社會體制。因此短期來看，臺灣的青年人才不致於大量出走到中國大陸；但長期而言，由於中國大陸的市場大、資源多，優秀人才的創意與技術最終難免受中國大陸所吸納。當然，對臺灣的衝擊因行業不同而利弊互見（例如大學教師vs. 高科技人才）。

臺灣服務業屬於相對優勢的經濟體，有技術、研發、人才與完善的培訓制度；中國大陸則擁有雄厚資金、廣大市場與人力，兩岸服務業合作空間很大。服務業需要大量的優質人力，而臺灣與中國大陸有語言、文化的共通便利性，不但可以提供這些人力，也可提供培訓的機會。這是臺灣在中國大陸發展服務業的一大優勢。

未來，臺灣青年創業就業不論是在中國大陸或臺灣，服務業的比重將會超過製造業，臺灣應從三方面著手，積極發展「創新型服務業」，抓住兩岸服務業的市場機遇，進而兼顧根留臺灣。

第一，以創新思維引導兩岸產業發展。關鍵在於將臺灣和中國大陸產能視為整體一併考量，結合各自利基，如資金、技術創新、品牌建立、人才培育與通路經驗等，共同拓展服務業的全球市場。尤其不少新興服務業如醫療、教育、文創等，在兩岸都有相當大的發展空間，未來將逐漸取代製造業，成為兩岸產業合作的新焦點。

第二，臺灣應積極爭取國際優秀人才來臺，填補人才外流的缺口。政府應從防弊轉為興利的思維，配合法規鬆綁、人才移動的鬆綁、國際市場資訊的透明化、補助與租稅優惠、人才的培育、品牌通路布建的協助、上市／櫃的協助與輔導等措施，爭取國際人才。

第三，提高研發資源及租稅優惠，吸引根留臺灣。長期以來，臺灣重製造輕服務，絕大多數產業預算仍落在基礎研究、電子資訊業及代工研發之上，對服務業投入的資源及租稅優惠和其占國內就業、GDP的比重顯得不相當。未來應大幅增加服務業創新、研發資源，才可凸顯服務業的重要性與加快服務業升級轉型的步伐。

總之，中國大陸積極向臺灣青年招手、挖角，「招才引智」的策略將是長期的、持續性的政策。短期內雖然威脅並不顯著，但我政府應未雨綢繆，提出短、中、長期的因應策略，提高薪資水準，留才、育才，同時鬆綁法規爭取國際人才、避免人才單向流動，讓創意研發的根留在臺灣，以因應中國大陸的「挖角危機」。

3.4 降低《六十二號文》對臺商衝擊

中國大陸國務院二〇一四年底發布《六十二號文》，限期在二〇一五年三月底前，上報專項清理情況。雖然李克強在兩會強調會讓臺商安心，但具體執行標準，尚不明確。

臺商過去習以為常的優惠措施若頓時取消，甚至已和當地政府簽訂合同、協議、備忘錄，或以會議紀要以及一事一議形式的請示、報告或批覆，倘經過專項清理後，大半被取消或調整，對臺商的衝擊和可能衍生的糾紛，及其連帶影響的層面，恐怕不容小覷。

首先，雖然《六十二號文》是適用於全體廠商，並非衝著臺商而來，但臺商和中國大陸地方政府的互動，基於兩岸關係的特殊性，及兩岸同文同種的便利性，彼此結合程度超過其他境外廠商，也得到較多的政策優惠。

像購置土地使用權價款的「財政返還」優惠，使臺商先按檯面地價繳款後，地方政府會從檯面下退還幾成款項。這樣的優惠有效降低成本，也擴大了臺商和地方政府的共同利益，促成投資迅速擴張。一旦取消，預期經營成本大幅上升，轉型升級將更為困難。

其次，由於中國大陸勞力、土地、社保支出成本日益增長，臺商經營日益困難，一旦取消財政返還，等於直接砍掉百分之五到百分之十的利潤，對於已是「毛三到四」的臺商，無疑雪上加霜。

此外，中國大陸二〇一五年GDP增長率目標降為百分之七，使內需市場擴張受到限縮，頗不利於臺商營收獲利。

《六十二號文》的規定，雖保有若干彈性，讓一些合法的、確需加以保留的優惠措施，經清理上報批准後得以繼續執行；但對於什麼是合法的、無涉法律法規障礙的優惠政策，各省級政府認為有必要保留而上報的標準何在？各地標準及做法會否有所不同？國務院批准保留優惠政策的認定標準為何？似乎未臻明確，難免引臺商疑慮，造成經營發展策略的不確定性。

現在中國大陸資金充裕，為符合世貿組織規則及其對外承諾，在面臨法制化、透明化的體制調整過程中，堅持稅收法定原則，貫徹依法行政，避免地方保護和不正當競爭，由國務院發布清理規範稅收等優惠政策的舉措，不令人訝異，收回權限也是遲早的事。然而政府一體，即便中央政策有其正當性，也應考量避免損害善意第三人的利益，才符合「依憲依法治國」精神。

《六十二號文》新政策驟然取消賦稅相關優惠，將對已在各地投資的臺商營運造成嚴重影響；各地方政府也面臨法律上的違約及誠信上的失信。過去當地政府各種承諾就算不符合中央政策，但基於信賴保護原則，北京應制訂給予臺商較寬鬆的緩衝期措施，以妥為因應，減少臺商損失。

3.4.1 年金改革　不可迴避

根據最新的退撫精算報告，軍人退撫基金預計四年內花光；公校教師退撫基金預估於二〇二八年正式破產，而公教人員退撫基金約於二〇三〇年破產；攸關九百萬勞工的勞保基金也預計二〇二七年面臨破產。也就是說，四大基金將在未來十五年內出現破產潮。

面對高齡化的趨勢，請領退休老年給付人數激增，但少子化讓繳保費的人愈來愈少，加上保費費率低於精算後的合理費率，年金改革已經迫在眉睫。

馬政府二〇一三年提出以「多繳、少領、延退」為核心提出改革方案。但方案送進立法院就成為選票算計的戰場，對選票不利的，能不碰就不碰，朝野一直未啟動協商，改革形同胎死腹中。

臺灣年金制度面臨財源不足、行業不平和世代不均。拉近軍公教勞退休所得替代率，是這波年金改革的關鍵難題。問題是，年金改革波及近千萬人，且權益影響也大，例如，現任中小學教師若按改革前舊制，月退可領七萬多元，但改革後只能領五萬兩千多元，每個月少了一萬七千多元；現任大專教師按新制也比舊制每月少領一萬八千多元；五職等公務員每月亦將少領七千多元，數目之大絕非油電漲價所能比擬。可以想見，如果油電雙漲都引發那麼大的民怨，年金改革的選票衝擊力更不容小覷。

然而，年金改革如果放任政黨利益與民粹政治左右，將胎死腹中，造成國家災難。年金制度曾導致希臘瀕臨破產，美國加州亦飽受其害。對臺灣財政而言，年金是一顆定時炸彈。但每個政客都心存僥倖：只要炸彈不在我任內引爆就好。

臺灣的年金問題橫跨政府部門、社會階層、世代正義和財政永續等層面，更關係國人經濟安全的核心利益，可以說是臺灣三十年來規模最大的制度改革工程，同時具有政治性與專業性的複雜工程。但臺灣多數民眾對年金改革的必要性是有共識的，《今周刊》二〇一五年六月的調查結果顯示，不論是公務員或勞工，都有約八成支持對退撫及勞保年金進行改革。

領不到退休金的痛苦，正在希臘活生生上演，也殘酷地警示年金改革牛步的臺灣，未來可能重蹈的命運。包括洪秀柱、蔡英文等總統候選人應將年金改革列為重要政見，提出行動方案，而不應只用「凝聚共識」來拖延拆炸彈的時機，因為第一顆炸彈將在新總統的第一任期引爆，不能再拖！

考試院年金改革版本已送進立法院，總統候選人都應表態，對於該版本爭議點提出解套策略與方法。當務之急須先解決四大基金破產的問題，至於拉平行業間所得替代率的問題，短期內想一步到位恐怕不切實際。若要採循序漸進的方式，該如何做？有志大位者，不能含糊。

3.5 如何提升國營事業競爭力

國營事業在臺灣經濟發展進程中，有其特殊歷史目的與背景，負有滿足民生給養、創造就業機會、支援與帶動民間產業發展及配合國防工業等重要任務。政府為確保該等政策任務之達成，除一般法律約束外，另訂定各式管理法規規範各項營運活動，因此，國營事業雖與民間企業同樣須自負盈虧，然更重要的是，必須在政府法規的管理約制下達成國家整體政策目標。

國內民間產業蓬勃發展，自由化已成為經濟發展主流，國際間亦掀起一股國營事業民營化之風潮，在「自由化」、「國際化」、「民營化」之經濟政策主軸下，各國營事業單位經營方向及策略均面臨調整之需要。然過往為特定政策目的所制定之種種法規，卻未能及時檢討，以致產生經營上綁手綁腳的負面影響，例如：依《預算法》規定為配合總預算需送立法院審查，各國營事業之年度預算的預算編製與執行時間落差過大，致預算內涵易與瞬息萬變的市場機制脫節，不易掌握商機；又如國營事業人事進用及管理比照一般公務人員，較無彈性，人力無法因應業務轉型而調整，人事負擔沉重，人力趨於僵化、官僚化，缺乏效率與競爭力。

為改善國營事業之經營困境並賦予國營事業一個靈活經營空間，相關的管理法規實有必要因應時空環境改變，檢討修正或放寬。具有政策性任務、市場獨占之國營事業，如台電、台水、台灣郵政，應當採公有民營的方式導入市場機制。具政策性任務、市場競爭者如台灣中油、台鐵，則可考量民營化或公有民營，台鐵為一特殊案例，面臨競爭卻無法改善，且尚須背負提供普及、偏遠地區之大眾運輸服務，需要改變卻又無法立即民營化，應當採行公有民營。

另外，對於已不具重大政策性任務、處於競爭環境之國營事業，除加速民營化外，若本身因政策因素考量（如台銀）、或是民營化推動有困難（如漢翔、台糖、台灣菸酒、榮工等），亦可考量採行階段性公有民營（適度釋股）的方式。

面臨市場的嚴苛挑戰，國營事業要能提升競爭力，其基本要件不外乎「用錢能及時」、「用人有彈性」、「用地取得無礙」及增加「採購自主性」。因此建議部分不合時宜的法規也需鬆綁修改，其中較重要的包括：《國營事業管理法》第二十二條、第二十五條（採購投資）、第三十一條（人事管理）等。

關於《國營事業管理法》第二十二條、第二十五條（採購投資），筆者建議可先由行政院工程會修改《政府採購法》，將國營事業「採購供轉售之用途者」排除於適用之外，及國營事業一億元以上採購免納入行政院統一發包中心。

其次，關於《國營事業管理法》第三十一條可從人員進用、職位管理、薪給獎金及退撫資遣等著手修法，由事業自行訂定進用人員，以陳報主管單位備查或核定方式管理，擴大授權。同時，配套修正「經濟部所屬事業機構人員考核及工作獎金發給辦法」第九條，授權事業在年度考績獎金總額內，自行配合需要訂定所屬員工工作績效之考績獎金制度；並修正「經濟部所屬事業人員退休撫卹及資遣辦法」第四條，調降人員退休年齡或年資之限制規定，以活化國營事業之人力資源。

唯有徹底檢討現行管理法規，將不合時宜法規予以廢止或修正，落實國營事業企業化經營，方能提升國營事業競爭力。若修法確實有困難，亦可考量行政鬆綁的方式，即請各主管機關對所屬機構之命令、行為從寬解釋，以降低行政干預之方式提升事業經營效率。如此，才能讓國營事業在日益艱困的環境中，找到一條活路。

3.6 實現居住正義　奢侈稅不能廢

奢侈稅的存廢引起社會的關注，財政部堅持奢侈稅「只修不廢」，但房仲公會主張奢侈稅「兩年落日」，否則不排除上街抗議。財政部統計，奢侈稅上路兩年一個月，稅收八十六億餘元，遠不及原本預估的每年稅收一百五十億元。不過，奢侈稅讓房價回復理性水準，成交量下滑，臺北市房價更衰退百分之三點六二，平均成交價每坪從五十四萬跌至五十二萬元。

從政策目標來看，奢侈稅最主要的目的不在稅收，而在居住正義。客觀存在房地產市場的現實是：有部分比例購屋者是非自住的短期投資者，透過短期投資轉手賺取利差，形成房屋市場的假性需求。這種人為炒作造成房價不合理飆漲，一般民眾與年輕人只能望屋興嘆，違背居住正義，政府不可能坐視不管。

都會地區房價偏高一直是民怨的主要項目之一。為健全房市，政府除推出合宜住宅、社會住宅、平價住宅，以及通過攸關不動產交易實價登錄的「地政三法」修正草案等外，行政院「改善所得分配專案小組」在二〇一一年還通過針對短期的房屋交易、高價商品、服務或交易，訂定《特種貨物及勞務稅條例》，課徵「特種消費稅」（簡稱「奢侈稅」），稅率最高百分之十五，做為強化租稅負擔對所得分配移轉效果。

房價高低其實是一個相對性的觀念，比較客觀的說法是根據「房價所得比」（Price and Income Ratio, PIR）的高低來做判斷或考量，所謂「房價所得比」是指消費者購買一棟房子時所需要的年所得（一般是以當地三十坪中古屋的平均價位為估算標準）。「房價所得比」愈高，表示人民的購屋痛苦指數也愈高。

若以近幾年的房價所得比來做觀察，便可發現國內房價所得比的漲幅確實偏高，其中又以臺北市的變化為最大，由二〇〇九年第一季的八點九到二〇一二年第四季的十三點一，亦即臺北市的房價所得比在三年之內上漲了將近五成（百分之四十七點一九），表示臺北市民購買房子在短短的三年中，其所需的所得支出時間便增加了四點二年；至於新北市則增加了二點五年，或增加百分之三十六點二三；而臺灣都會區的整體平均則增加了一點七年，或調升百分之二十五點七六，顯示雙北（新北市、臺北市）都會地區房價偏高及相對不合理。

許多亞洲國家的房地產市場都發生交易過熱及人為炒作問題，為了防止不當房價之波動，各國紛紛對房地產的交易加重課徵相關租稅，以提高交易成本，遏止投機炒作。如近來中國大陸對於都會地區的房價，均施以相對嚴格的管制，包括購屋者需繳交五年的納稅證明，調高自備款，以及實施限購等；近期更推出新的政策「國五條」，針對二手房交易，差價多課百分之二十的稅金。香港及新加坡也採取對短期交易行為課徵高稅率之「特別印花稅」（新加坡賣方百分之四到百分之十六，買方百分之三到百分之十；香港百分之五到百分之十五）。

我國奢侈稅鎖定短期頻繁買賣非自用房地產的投機客加重課稅，抑制不動產交易的短期炒作亂象，同時提高了投機客的風險，扼止房價飛漲，促使房屋市場朝健康方向發展。特種消費稅自二〇一一年六月開徵以來，每月全國建物買賣棟數呈減少趨勢，改善交易過熱現象。其中臺北市及新北市減少幅度最大，以二〇一二年與二〇一一年的買賣交易數量結果做比較，臺北市交易量減少百分之三十九點一、新北市減少百分之三十六點零八、高雄市微降百分之零點六二、臺中市下降百分之十五點二一、臺南市小降百分之三點七。尤其大臺北地區已見證了奢侈稅抑制「炒房」的效果。

就購屋動機分析，為「投資」而購屋者明顯減少，但為「自住」而購屋者則穩定成長，可見奢侈稅已發揮遏止房市投機炒作之效果，且不影響自住購屋意願。換言之，奢侈稅對於遏止短期投機炒作與穩定房價之效果，顯然已經發揮作用。根據財政部委外研究發現，房仲業不僅新開家數多於關門店數，營建業還是近期國內「最賺錢行業」，代銷業者也支持奢侈稅穩定房價的成效，顯示奢侈稅並未衝擊房地產業。

奢侈稅的實施對遏止短期投機炒作與穩定房價，雖然已經發揮作用，但僅是短期的治標功能；長期而言，要落實居住正義，需要更周延的配套措施。筆者建議參考國際打房經驗，建議延長課稅年限三或四年，增加非自住投資者的持有成本。除了利率、貸款額度、限制期間等配套措施外，空屋稅也是可以思考的方向，以釋出房屋供給，平穩房價與租屋市場，實現居住正義！

3.7 官民合作　確實回收廢食油

環保署廢食用油回收新制二〇一五年元旦上路，義美總經理高志明抨擊環保署長搞錯方向。他主張要確保廢食用油不會再進入食用油供應鏈，應由政府補貼中油方式，以每公升十八到二十二元價格回收再利用。

義美做為國內的食品大廠，在食安問題上有相當的影響力，但高總經理主張由經濟部補貼、國營事業高價收購廢食用油的提議，筆者有不同看法。首先，自由經濟社會的政策制定原則是「使用者付費」。當前政府財政困窘，更不能將政府補貼視為理所當然，廠商製造廢食用油應本「污染內部化」的原則來處理。

廢食用油回收就如同廢棄物或垃圾一樣，處理的基本原則應該是產生垃圾的人付費處理，不可因為廢食用油有非法流用造成食安問題，就要求政府以每公升十八到二十二元高價回收。無論家庭垃圾費是隨袋徵收或是隨水費徵收，都是符合污染者付費的原則。要求政府付費為大家清除垃圾，不但無法達到垃圾減量、資源回收的目的，也不符合公平正義的原則。至於將廢食用油倒水溝的行為，必須以重罰防範。

其次，廢食用油是屬於棘手複雜的跨領域議題，需要透過中央地方的跨域合作以及公私協力的精神，才能獲得有效治理，斷不可能僅靠單一部會或國營事業就能解決。

經筆者向中油查證，中油目前已整合油品供應鏈之上、中、下游廠商，成立一個廢食用油去化平台，但由於廢食用油不是回收就可以直接運用在燃料油，必須進行轉酯化反應，生產出符合摻配規範的廢油甲酯，再摻入燃料油中。中油公司並未直接收購廢食用油，僅負責採購去化的環節，廢食用油去化的過程是先由廢食用油回收清運業者（大蜜峰、小蜜峰）回收後，交由再利用業者，經轉酯化處理產出廢油甲酯，中油公司再依《政府採購法》購買後，再摻入燃料油售予工業用戶。

換言之，中油只是廢食用油回收政策的其中一環，並不具有廢棄物清理公司執照，廢油回收仍應交由回收清運業者處理。若回收清運業者及回收再利用業者可依規定回收及轉酯化廢食用油，依中油每年一百五十萬公秉燃料油的銷售量，若摻入百分之五的廢油甲酯，每年就可去化約七萬公噸的廢食用油，大約就是環保署估算全臺灣每年廢食用油的產生量。

透過這樣的方式不但能提高廢食用油價值，將其轉化為有用的能源，也可避免不肖商人將不合格油品流做不法用途，達到多贏的政策目標。要解決廢食用油回收問題，需要政府跨部會（環保署、衛福部、經濟部）、中央與地方的通力合作，更需要民間業者（餐廳、食品業者、回收清運業者、資源再利用業者）共同負起企業社會責任，與政府攜手配合，方能收效。一味依賴政府補貼，不符公平正義，終究非現代公共治理的正辦。

3.8 地方財政的結與解

立法院財政委員會進行審查《財劃法》修正案，行政院主計總處公布《財劃法》修正後的全國縣市試算表。根據財政部和主計總處估算，六都（含準直轄市桃園縣）和縣市政府獲得的中央統籌分配稅款併同收支考量後，將從五千三百五十五億元成長至五千七百九十三億元，總計增加四百三十八億元；六都共獲得三千七百四十九億元，超過六成的統籌稅款，其中增加較多的是新北市的一百三十七億元與高雄市的一百零一億元。行政院版本規劃所得稅總收入百分之六、營業稅扣除統一發票獎金及百分之一點五稽徵經費後的全數、菸酒稅扣除百分之一稽徵經費及直接分成款項後的其餘收入，做為中央統籌分配稅款來源。另外，土地增值稅全歸地方；直轄市、縣市及鄉鎮市分得遺產及贈與稅百分之六十。按照行政院版本，中央統籌分配稅款百分之四為特別統籌分配稅款，百分之九十六為普通統籌分配稅款。百分之九十統籌分配稅款按公式分配（百分之八十五財政收支差額與基本建設需求、百分之十五財政努力和績效）、百分之六統籌分配稅款為受修法影響的保障財源。財政部保證各縣市補助款「只增不減」，但仍有縣市叫窮。

觀察近幾年各國地方治理趨勢，中央與地方已逐漸由上下關係轉為夥伴關係，中央釋出更多的權限，減少對地方政府之控制，使地方政府擁有更多自治權。就權責相符的觀點而言，要落實地方自治與地方財政自主，其收入與支出的比重應相當。以二〇〇一年到二〇一二年我國中央與地方財政收支比重來看，中央政府收入占各級政府總收入比重平均約百分之七十二點九，直轄市與各縣市收入占各級政府總收入比重平均約百分之二十七點一；在支出面，中央政府支出占各級政府總支出比重百分之六十二點六，直轄市與各縣市支出則占各級政府總收入比重平均百分之三十七點四。

從上述資料來看，各級政府收入分配與支出負擔未能配合，各縣市政府多已呈現財務拮据的窘境。以《財劃法》為例，直轄市掌管區域面積擴大，業務量和項目也有所增加，例如動物園、美術館、交響樂團、大型的社會文教機構與轄區內高中職等；然而中央業務移撥經費納入一般性補助款中計算，並未隨業務移撥而予以法制化。其次，在地方舉債方面，升格為直轄市之列的新北市、臺中市等，受制於《公債法》未配套修正，無法適用臺北市、高雄市之標準，仍須沿用升格前的債限控管比率，以致財務調度與建設都面臨困難。修法讓地方財源與債限合乎公平原則與現實需求，中央責無旁貸。各級地方政府財政不論是水平關係抑或垂直關係，均是難解的錯綜複雜議題。尤其是中央政府二〇一二年底一年以上的債務未償餘額（未含乙類公債）將達五兆兩千六百九十一億元，占前三年度GNP（國民生產總額）平均數百分之三十七點一，財政亦面臨困窘。

地方政府除臺北市、金門與馬祖外，各縣市均存在自籌財源偏低、人事費偏高與債務瀕臨警戒值等共同問題，自籌財源不足以支應人事費。筆者建議，中央、地方建立夥伴關係，協力開拓地方財源，增加地方財政自主：一是檢討各項租稅優惠措施，並合理調整公告地價及公告土地現值，增加財產稅稅收；二是對於可徵得而未徵得之收入，如工程受益費等，亦應依受益者付費原則確實徵收；三是透過與其他單位的合作，活化國有土地，如財政部和臺東縣政府合作招商開發數位電影城等；最後，還可思考開放引進民間資金參與公共工程建設，規劃相關法令修改、獎勵誘因等配套，不再依賴公部門預算。此次修法的重點，除因應地方需求適度調高舉債上限外，也將分配公式入法，建構可行的激勵機制，鼓勵地方政府努力開闢財源、遵守財政紀律，讓地方政府有足夠誘因努力開源；否則即使中央政府賦予地方更多財政自主權力，地方政府往往因選票考量未必有意願確實執行。我們期待中央與地方能拋開本位主義，用「換位思考」經營中央與地方的財政關係。除了致力「節流」，「開源」無疑是更迫切的課題，惟有開拓財源，才能讓中央與地方財政脫胎換骨，共創雙贏。

3.9 健全地方財政的良藥

中央政府加上地方政府長短期合計舉債已達六兆元，創下歷史新高。除中央政府舉債逐年增加外，地方政府舉債也愈來愈高，包括宜蘭縣、新竹市、苗栗縣三縣市，舉債已超過法定限額；南投縣、基隆市、花蓮縣、新竹縣也在舉債「破表」邊緣。為加強債務管理，財政部將比照國債鐘，自二〇一二年七月十日起，將在各地方政府網站首頁公告地方債務資訊。

地方財政惡化是結構性的老問題，主因是地方政府自有財源偏低、支出結構僵化。二〇一二年財政部提出《財劃法》修正案，秉持「把餅做大」（增加中央統籌分配稅款規模）、「落實錢權同時下放」、「地方財源只增不減」、「劃一直轄市與縣（市）分配基礎」、「公式入法取代比例入法」、「強化財政努力誘因機制」、「落實財政紀律」等原則做規劃。

財政部希望透過修訂《財劃法》，讓地方自有財源占歲出比例可提高至少十個百分點；透過修訂《公債法》，針對全臺半數以上縣市的長期債務問題，合理調整各級政府債限並強制還本，達成財政穩健目標。

這個修正案除了賦予地方更多的財政自主外，也做為督導、輔導地方政府改善財政的工具，但中央制定的法律規範對於地方政府財政僅是一種他律。要徹底解決地方政府財政情況不良的問題，仍必須倚靠地方政府自有財源的增加，包括收入面的開源、支出面的節流，同時嚴守財政紀律，方能使地方政府達成財政健全的目標。簡單的說，就是除了「他律」，也要「自律」才行。

目前，我國《財政收支劃分法》中規定，「地方政府有依法得徵收之財源而不徵收時，其上級政府應視實際情形酌予減列或減撥補助款；對於努力開闢財源具有績效者，其上級政府得酌增補助款」。這項規定的目的無非是希望地方政府都能為自己的財政而努力，但地方政府對於「實際情形」、「努力開闢財源具有績效」的認定標準為何意見不一，也對補助款的分配發出不平之鳴。

過去，財政部曾經以「地方政府財政業務輔導方案」做為地方財政的考評指標，項目內容涵蓋了公庫、財務、債務、公產管理等構面，但細部的配分與評分方式，往往變相造成地方政府只專注於容易拿到高分的項目，失去了評鑑的意義。除此之外，分數高低也無法宏觀顯示施政績效。舉例來說，投資公共建設要花錢，短期造成財政支出的增加，長期卻可能帶來經濟效益，但在當年度的評分中是該加分還是減分，難以用量化的分數來考評。

地方財政問題根本的解決方法仍是在地方政府本身，關鍵是地方政府對財政問題的覺醒及改善決心。地方債務資訊透明化可以引發在地選民與公民團體的關注和參與，有助於強化地方自律的動機。

我們當然理解，民選首長面對著選民的託付與選舉的壓力，無不希望中央多挹注經費，但預算大餅有限，如何在有限的預算下改善財政，端看縣市長的領導統御與管理能力。至於努力開源節流的方法其實不少，例如調整土地公告現值、加強非稅課收入（規費、罰賠款）的徵收、公有財產的處理利用等等，關鍵在於地方政府的執行力與運作效率。

解決地方財政惡化問題，沒有終南捷徑。正本清源之道必須是中央與地方攜手合作；他律與自律兼籌並顧。地方債務資訊透明化是踏出自律的第一步！

3.10 新《財劃法》強化地方治理

二〇一〇年五都選舉在即，立法院正在審查攸關地方金脈的《財政收支劃分法》修正草案。過去統籌款由直轄市分配百分之四十三，造成資源集中北、高兩市；新版《財劃法》改以公式分配，縣市將可多分統籌款，有利於均衡區域發展，是《地制法》通過後，最重要的地方財政制度變革。

我國地方治理的能量過去長期受限於地方財政的高度依賴性與失衡性。在歲入面，自有財源嚴重不足，地方縣市財政歲入超過二分之一以上需仰賴中央補助與統籌分配稅款，導致地方自治一直無法落實。以歲出面來看，因規模過度擴張，尤以地方政府人事費最為嚴重，地方縣市歲出成長率比同期間歲入成長率高過二個百分點，入不敷出的結果，使地方財政收支失衡日益嚴重，短差占歲出比超過百分之十。

新修正的《財劃法》大幅增加中央統籌分配稅款規模，未來地方政府可支配財源可望增加九百八十二億元，並採「只增不減」原則，各地方政府所分配之財源均會適度增加，也就是說把地方的餅做大了。如此一來，地方政府不能再依循舊習、動輒喊窮，向中央伸手要錢，必須共同承擔財務責任。換句話說，中央政府就像是父母體認到小孩已長大，給予地方更大的財源自主空間；而地方政府在增加自主財源之後，更有責任落實地方治理，提升財務效能與城市競爭力。

若再配合《公債法》的修正，五都均可望大幅增加舉債上限，尤其以新北市增加的幅度最大。地方政府的錢與權增加的同時，也是責任加重的開始。未來要強化治理能力，首先應建立地方財政努力的誘因機制。

財政努力不外乎「開源」與「節流」。在開源方面，可先從增加非稅課收入與地價稅合理化著手，對於努力開闢財源以提升財政自主程度之地方政府，在分配時應優予考量。在節流方面，可透過專案補助，鼓勵升格後新直轄市的人事預算支出採漸進式調降，透過成立跨域組織機構的整併，逐步精簡組織員額，發揮區域整併後的規模經濟綜效，共同提供公共服務，降低人事費比例。

當前國家整體財政收入困窘，政府應進一步思考如何提升地方自有財源與財政運用效率。「給他魚吃，不如教他釣魚」，中央政府未來一方面應協助地方政府開發地方財源；另一方面也要透過教育訓練、督導管考及經驗分享等方式，輔導地方提升財務效能、精進債務管理、落實績效考核，以提升地方治理的能量與品質。

3.11 修《公債法》關鍵在配套

立法院未能順利通過《公共債務法》修正案，外界批評的矛頭指向新版採歲出規模做為債限估算的依據。事實上，五都改制後地方債限改採歲出規模做為債務流存量的計算基礎，恐怕是不得不的修正方向。

現行中央及地方之長期債務管制，規定總體不得超過前三年度名目國民生產毛額（Gross National Product, GNP）平均數百分之四十八，並按中央百分之四十、直轄市百分之五點四（臺北市百分之三點六及高雄市百分之一點八）、縣（市）百分之二及鄉（鎮、市）百分之零點六比率分配。但是五都改制後，債限將無法可遵循。採雙軌管制係因行政區數目甚多，難以分配以ＧＮＰ為基準的總體債限，遂以與地方施政具直接關聯性的歲出為基準，規範個別債限。當總體超限而個別均符合債限時，並無法責成個別縣（市）或鄉（鎮、市）債限減債，以矯正總體債務超限問題。

顯然現行《公債法》的債限管制不符實際。為使「債限合理化」，財政部版本將「流量」、「存量」管制換算成一致標準，規模相當者應受相同債限規範：直轄市百分之兩百、縣（市）百分之七十及鄉（鎮、市）百分之二十五。縣（市）債限係依據現行存量規模，換算按不含以前年度保留數之當年度歲出之比率，酌予調整。

修正案的流量管制（年度舉債額度）仍與現制相同，為不得超過歲出百分之十五。因此，地方政府在每年度舉債限制完全與現制相同之情況下，與支出相對應，較為合理可行；同時規範各級地方政府有一致的標準，達到總體債限合理化的目標。

有論者認為，流量與存量管制皆以歲出來規範舉債額度容易衍生其他弊端，例如利用各式「作假」的手段來擴大歲出規模，包括：高估公有土地稅、虛列上級補助款等手段。但是，若改採歲入規範，將產生更多的問題：一方面歲入是預估值，同樣有灌水的可能；另一方面，歲入基礎有城鄉差距懸殊的問題。因此以歲出做為債限計算基礎，本身不是問題，問題是相關配套措施是否落實。

地方政府編製預算須依法行政，受到《預算法》、《決算法》、《審計法》等相關法規的約制。更重要的是，地方財政治理需要完整的配套措施。財政部在修正草案所提出的配套措施主要有兩項：第一、債務警示機制：規定直轄市、縣（市）及鄉（鎮、市）長期債務未償餘額預算數達債限之百分之九十時，即應提出債務改善計畫及時程表，進行債務改善管理。第二、強制還本：建制長期債務強制還本為「煞車機制」，各級政府每年均應以一定比率強制還本，當面臨債限時，除限制舉債，並應執行實質還本。

除了上述財政紀律配套措施之外，筆者認為建立地方財政努力的誘因機制，更是不可或缺。當前地方政府普遍存在一種「財政幻覺」，以為改制升格後，預算資源就會大幅增加。殊不知縣市合併的原意是藉由區域整合避免事權切割與資源浪費，發揮區域治理的規模經濟綜效。唯有建立地方財政努力誘因機制，才能破除地方財政幻覺。

財政努力不外乎「開源」與「節流」。在開源方面，應建立地方自有財源成長率與統籌稅款分配、舉債額度相連結的機制；在節流方面，可透過專案補助，鼓勵升格後新直轄市的人事預算支出採漸進式調降，透過跨域組織的整併，逐步精簡編制員額，共同提供公共服務，降低人事費比例。《公債法》修正案是為因應五都改制，外界所疑慮的地方浮濫舉債，關鍵不在於以歲出做為債限計算基礎；而在於地方財政紀律與財政努力配套措施是否落實。這不僅關係我國地方財政體質的良窳，更是提升城市競爭力的關鍵。

3.12 穩健減債　落實良善治理

國債水位續升，財政部公布最新國債鐘，截至二〇一二年二月底止，中央政府一年期未償債務餘額四兆八千三百三十五億元；短期債務兩千六百九十一億元，合計長短期債務突破五兆元創歷史新高，每位國民的平均負債金額增加至二十二萬元。

他山之石，可以攻錯。歐債危機的起因，主要就在於二〇〇八年金融海嘯後，各國政府多以舉債擴大財政支出，刺激國內經濟成長，挽救金融機構，甚至搭配減稅以吸引外資，讓原本就不低的赤字與國債持續增長，歐債風暴演變成為全球性的危機。其中財政赤字最嚴重的就是希臘，其財政赤字占GDP的比例百分之十二點七，其次為愛爾蘭的百分之十二點五，西班牙、葡萄牙、義大利分別為百分之十一點二、百分之八、百分之五點三，皆超過歐盟《穩定與增長公約》中規定的財政赤字占GDP比例百分之三的上限。政府債務問題最嚴重的同樣是希臘，其政府公共債務占國家GDP比例的百分之一百二十五點七，其次是義大利百分之一百零六點六，遠超過公約中規定的政府債務占GDP比例的百分之六十的上限。

經濟合作暨發展組織（Organization for Economic Co-operation and Development, OECD）曾提出良善治理（Good Governance）的四項原則：透明、課責（Accountability）、參與、效率。邁向

「良善治理」，乃是世界各國為因應全球化變遷之挑戰，所推動各項政府改造工程的具體指引方針。歐盟《穩定與增長公約》的制定就是為落實良善治理以達永續財政之目標。

財政部籌設「財政健全小組」，將就財政及稅制進行改革。筆者認為穩健減債是必要的手段，實際的做法就是「開源節流」：包括明確訂定減債目標、縮減不必要的支出項目、加強稽徵逃漏稅、落實居住正義、進行實價課稅或者課資本利得稅等都是應討論的方向。

就收入面而言，以二〇〇八年、二〇〇九年綜所稅中各類所得比例來看，所得級距在一千萬以上，薪資所得分別占各類所得的百分之十八點二三與百分之二十一點八六，而股利所得卻高達百分之七十點七五與百分之六十四點九七，顯見富人賺的錢通常都是資本利得與股利所得。而現行稅制，卻因證券交易所得免稅與土地公告現值遠低於市價，二〇〇八年、二〇〇九年財產交易所得分別占綜所稅收百分之零點二八與百分之零點四八，遠不及ＯＥＣＤ平均的百分之一點八。我國現行稅制與「量能課稅」的理念確實有相當的落差。

就支出面而言，可以從幾個方向進行。一是提升政府施政效率，將經費用在刀口上，避免不必要的支出濫用與浪費，以維持支出的效率水準；二是擴大民間參與公共建設，不僅可以減輕政府財政負擔，也提供民間多餘資金投資管道；三是落實績效管理，提高公股事業經營綜效；四是增進非公用財產運用效益。

財政改革若能同時落實量能課稅與開源節流之原則，每年達成減債一千億的目標，絕對不是問題。短期而言，透過縮減支出或提高稅賦，或許可能導致國內經濟成長放緩，對經濟動能不利；但若能建立相關配套措施，長期來看，對經濟體質和金融穩定都有重大且正面的影響。

若放任中央債務餘額只增不減，地方政府債務繼續惡化，一旦利率往上走，公共債務利息負擔將更沉重，國內經濟反將被龐大的政府債務拖累。歐債危機發生後，各國政府與企業相繼進行減債與去槓桿化；我國政府應趁此時機，利害相權，穩健減債，健全整體財政，追求財政永續發展。

穩健減債，實為落實良善治理的重要環節。現在，不是「坐而言」，是「起而行」的時候了！

3.13 《公債法》攸關國家財政永續

為因應六都（含桃園）升格為直轄市的新情勢，立法院財政委員會已在二〇一二年底完成《公債法》的初審，藉由中央政府與臺北市釋放出約兩千億元的舉債額度，讓其餘縣市獲取更大的舉債空間。

我們觀察此次修法內容，主要重點在於財政部將各級政府總債限由前三年GNP平均數百分之四十八調整為GDP百分之五十，使債限之計算基礎與國際接軌；同時兼顧經濟規模、財政努力、強制還本與資訊透明化等措施，並將政府債務預警的概念置入，落實財政紀律。

首先，財政部能緊守不調高債限的最後防線，值得肯定。所謂「借錢容易，還錢難」，況且中央政府與地方政府長期財務困窘有其結構性因素，一再調高債限只會陷入債務的無底洞，加上選舉因素，新增加的預算終究流入討好選民的社會福利支出與無效益的蚊子館建設。

美國當前的「財政懸崖」危機就是慘痛的教訓。自一九六二年起，美國債務上限已提升了七十五次，其中十八次是在雷根任內進行、八次是在柯林頓任內、七次在小布希任內，而在歐巴馬任內亦已提升上限達四次。美國過去十年就調高了十次，也因此國會通常不把提高債務限額當一回事，更難以對政府舉債發揮嚇阻效用。

其次，如何落實「財政預警制度」與「強化債務管理」是《公債法》落實財政永續的關鍵。此次《公債法》修正案要求地方債限達百分之九十時，應提出債務改善計畫及時程表，送監督機關備查，進行債務改善管理。同時，為責成地方政府發揮財政自我負責精神，《公債法》增訂強制還本規定。若強制還本是以舉債支應者，應計入年度舉債，並針對未依監督機關規定期限改正或償還舉債者，「減少或緩撥其中央統籌分配稅款」，以提升債務監督成效。

然而，這些規範缺乏具體的處罰標準，恐影響未來執行的力度與成效。以歐盟為例，歐盟訂有《馬斯垂克條約》與《穩定暨成長公約》（The Stability and Growth Pact），規定加入歐元區的國家，每年赤字占GDP的比率不能超過百分之三，負債總額占GDP的比率不能超過百分之六十，若違反規定將課百分之零點五GDP的重罰。然德、法等國未能以身作則，並在二〇〇三年帶頭違反公約，還藉由自身的影響力逃避罰則，甚至反過來變更公約的規定，訂約以來未曾有國家被罰款，無法對歐元區的國家產生財政監督與嚇阻，導致公約形同虛設。

現有《公債法》亦規範對於超額舉債的縣市首長須移送懲戒。目前雖已有部分縣市舉債超限，卻因究責不易，未見任何首長受到懲戒。此外，這些規範都僅適用於地方，未來修法時亦應針對中央政府做相關規範。

第三，此次修法將各級政府總債限由前三年GNP平均數百分之四十八調整為百分之五十，為政府舉債的計算基礎與國際接軌踏出重要的一步。筆者建議進一步參考國際間債務定義，包括歐盟、國際貨幣基金組織（International Monetary Fund, IMF）、OECD的做法，提高政府債務及預算的透明度。

最後，我們建議《公債法》應採取「財政績效連結機制」，參考銀行授信原則：讓過去債信與財務狀況良好的縣市，取得較高的舉債額度。衡量地方政府財政狀況的良窳好壞，重要的指標包括過去三年還本付息數與自有財源比例。《公債法》修正應加入財務債信的課責機制，調整各縣市可舉債比例，讓有能力償還或債信良好的縣市有較大的融資空間，有更多的資源強化競爭力。反之，過去債信表現不佳的縣市則應加強債務管理，避免地方財政繼續惡化；另方面透過《財劃法》照顧其基本財政需求，以達到財政課責（fiscal accountability）的目的。

各縣市對《公債法》修正都有其考量，在財政大餅有限的情況下，彼此的競爭是零和遊戲，不可能皆大歡喜。筆者期盼中央與地方能拋棄本位主義，針對惡化的財政結構問題進行通盤檢討改革，將適當的誘因與管理機制納入行政院修正版本中，摒棄將舉債視為「方便財」的觀念，努力開拓非融資財源，共同為國家財政的永續發展而努力。

3.14 金融服務業　應扮演ＣＳＲ領頭羊

二〇〇八年美國上演因次貸風暴所引發的金融危機；二〇一一年在美國出現的「占領華爾街」運動，不僅蔓延到舊金山、華盛頓、波士頓、丹佛等美國五十多個大城市，更引發世界各國關注。經歷這些危機，金融業只有自覺承擔社會責任，與核心競爭力相結合，才能實現企業永續發展。

要重獲公眾的信心，金融業必須將焦點從短期的利益考慮移轉到履行和推展企業的社會責任。許多學者和國際組織對於「企業社會責任」（Corporate Social Responsibility, CSR）的定義為「企業在創造利潤、對股東利益負責的同時，還要承擔對員工、社會和環境的社會責任，包括遵守商業道德、生產安全、員工福利、節約資源等，亦即企業應達到或超越道德、法律及公眾要求的標準」。

現代民主社會日趨複雜，政府強調公共治理；企業則必須重視公司治理；ＣＳＲ是公司治理不可或缺的關鍵密碼！過去有些企業對於ＣＳＲ大多以可能導致成本增加而排斥，或者將ＣＳＲ與慈善劃上等號，存有「ＣＳＲ是大公司才做的善事」之迷思。

近年來，企業對ＣＳＲ的想法已逐漸改觀了，甚至開始體認到企業社會責任的付出，將是企業營運成功與否的關鍵。目前已有超過五十多家跨國公司開始在訂單中加上社會責任條款，要求企業必須通過社會責任的審核，才能進入電子訂單系統。若企業未能提早因應，未來可能無法取得訂單的入場券，喪失企業競爭力。

中國大陸在二〇〇九年一月發布《中國銀行業金融機構企業社會責任指引》，指出金融機構對其股東、員工、消費者、商業合作夥伴、政府和社會等利害關係人，至少應承擔經濟責任、社會責任和環境責任。金管會在二〇〇九年三月也針對「銀行、金控及票券金融公司年報應行記載事項準則」提出修正案，增列對社會責任所採行之制度與措施及履行社會責任情形之資訊揭露。目前國內已有多家金融業者制訂CSR實務守則與年度報告書。

為促使國內企業與國外趨勢潮流接軌，我國行政院金融監督管理委員會於二〇一一年十月發函籲請國內上市企業，參酌目前各國企業撰寫企業社會責任報告書最重要之依據及架構——全球報告倡議組織（Global Reporting Initiative, GRI）所提出之永續報告書第三代綱領（GRI G3），編製企業社會責任報告書，將編製企業社會責任議題及報告書視為企業之經營要項。

金融機構如何對其股東、員工、消費者、商業夥伴、政府和社會等利害關係人落實CSR，筆者認為大致可歸納為五方面：對員工的照顧、對客戶的關懷、對股東的承諾、維護社會公益、發展永續環境。

未來國內金融、證券及基金從業人員對於企業永續管理與永續報告相關活動專業知識之需求，將日益升高。筆者建議由金管會或金融總會設置「金融服務業CSR獎」（可取名為「金舵獎」），每年進行評比選拔，鼓勵績優業者，帶動風氣，深化落實CSR的精神。CSR是近年來全球最受矚目的企業議題之一，不僅代表了社會對企業經營的期待，更攸關企業品牌形象的樹立。

金融業是整體社會與經濟發展的驅動能量，應扮演推動CSR領頭羊的角色。金融服務業必須將重心從短期的營利考慮轉移到企業責任和道德的建設上，以建構長遠的、永續發展的價值觀，才能重獲社會大眾的信心！我國金融機構要成為兩岸金融發展的領導品牌，必須積極落實CSR標準，及早和國際接軌。

3.15 整合力量　助青年圓夢

二、三十年前，大街小巷年輕人最愛哼唱的是張雨生〈我的未來不是夢〉。那是個臺灣大翻轉的年代，每個人都充滿未來即將改變的期待。剛剛解除戒嚴，開放報禁，黨外雜誌百花爭鳴，朝野準備終結萬年國會，推動全面改選。當時臺灣正從勞力密集產業走向資本密集，就業率、GDP成長率與所得分配的表現，在亞洲國家相對亮眼。

如今巢運走上仁愛路，對著高不可攀的帝寶豪宅興嘆。當年，臺北市三十坪房子不用五百萬，如今一千五百萬還未必買得到小套房。年輕人的第一份薪水，當年不過兩萬，現在也差不多。根據行政院主計總處《人力資源調查》二〇一三年八月份所公布的數據，臺灣十五到二十四歲失業率高達百分之十二點六，接近全球青年失業的平均值，年輕人失業人口已超過十萬人次！

薪水低、物價漲、房價飆是臺灣青年生活寫照。對年輕世代而言，處在一個未來充滿不確定的狀態下，個人生涯的風險也提高了。悶經濟世代同時面臨教育與就業、就業與生活、機會與能力三者間形成的落差。如果年輕人不是時時具備敏銳的自覺，很容易掉進這三個斷層中，因為不理想的人生而覺得更「悶」。

青年經過教改洗禮，更能挑戰權威，追尋自我；卻也在世界性的貧富差距、全球化的強大競爭壓力下，焦慮不安。多數年輕人擠身在父母買的房子裡，想要維持自己的開銷都有些辛苦，更別提奢望「成家立業」，打造自己的窩。

臺灣是華人世界實踐民主的領頭羊，有積極的公民運動。臺灣在各行各業都有出類拔萃的達人，也有很多關心公共事務、想為臺灣做點事的青年。臺灣年輕人有豐富的創意與軟實力，關鍵是政府能否整合民間社會資源，提供年輕人揮灑的舞台？

以青年創業為例，我任職青輔會主委期間（二〇一一至二〇一二年），與會內同仁透過青創貸款的積極宣導、強化青創組織聯繫，建構創業輔導平台，整合相關資源網絡（包括青創總會與其各地分會、飛雁協會、青創輔導網、青創楷模等），協助青年創業圓夢。全年以走透透的精神，訪視出席全國二十五個青創分會、青商會，建立全國性創業青年組織網絡。

在青年創業方面，二〇一〇年輔導兩千五百一十四人獲貸，創造一萬兩千八百三十二個就業機會；二〇一一年輔導兩千六百六十一人獲貸，創造一萬兩千九百二十個就業機會，分別締造了青創貸款業務開辦四十二年來最佳成績，創下歷史新高紀錄。另一方面，在青輔會各項創業輔導配套措施的協助下，青年的事業經營能力已大幅強化及提升，貸款逾放比率也由二〇〇七、二〇〇八、二〇〇九、二〇一〇年的百分之七點五四、百分之六點七八、百分之五點二二、百分之三點一六下降至二〇一一年的百分之二點零八。

以青年就業而言，最重要是如何縮短「學用落差」，讓年輕人從校園畢業後，能順利與社會職場接軌。青輔會整合協調教育部、勞動部、經濟部等七個部會推動「協助青年就業接軌方案」，以校園接軌職場為主軸，二〇一〇年至二〇一一年，共協助就業、培訓及輔導達三百零九萬人次。二〇一一年協助就業八萬五千一百六十六人次、培訓十五萬零四人次及輔導一百四十六萬五千三百五十七人次。根據主計處調查，二〇〇九、二〇一〇年二十到二十九歲平均失業率分別為百分之十點六一、百分之九點八四，二〇一一年一到十一月則為百分之八點八九，青年失業率逐年下降。

在政策行銷方面，運用文宣以地毯式透過各大學校長、學務長及學校就業輔導組分三波段，全面傳達政府照顧青年配套措施及提升就業力計畫的各項資訊，經以實體問卷、線上問卷、電話抽訪調查兩萬一千九百六十人，知道（已收到）者一萬七千九百五十五人（百分之八十二），不知道（未收到）者四千零五人（百分之十八）。這些經驗告訴我們，政府積極推動政策為青年服務，青年對政府會有感。

由於政府組織改造緣故，二〇一二年青輔會走入歷史，「青年創業」整併到經濟部；「青年就業」移撥到勞動部。但青年就業與創業的環境挑戰日益嚴峻，太陽花學運的爆發，讓政府驚覺與青年世代出現嚴重的思維落差。

《服貿協議》對於有能力或想進軍中國大陸市場的業者是絕佳的機會；但對於想固守臺灣的業者就是威脅。服務業大多是中小企業，以從業人口比例來看，有能力（資本規模）進攻中國大陸市場的業者，畢竟是少數。大多數的中小企業屬於守方，擔心開放之後，失去臺灣僅有的地盤。因此，《服貿》所需要的溝通說服的強度，是遠遠高於ＥＣＦＡ。《服貿協議》從簽署至今，民眾還是不清楚，可以說政府的溝通行銷出了大問題！在新媒體時代，網路世界的懶人包，徹底打敗了政府機器。年輕人寧願相信似是而非、資訊錯誤的懶人包，也不相信政府的政令宣導。

處於悶時代的年輕人，面臨低薪、失業與高房價，他們害怕陸資、陸勞大舉入臺，充滿了高度焦慮及恐懼感。這種恐懼感透過傳播擴散，形成虛擬的恐懼浪潮，掩蓋了真相與理性討論的空間。臺灣青年在兩岸關係逐漸踏入深水區的時刻，發出了怒吼。未來，政府與青年世代需要更多的對話與溝通。

為此，行政院成立了青年顧問團，透過不定期、任務編組的諮詢會議提供建議，同時，自二〇一四年至二〇一六年推動實施「促進青年就業方案」與「青年創業專案」，整合經濟部、教育部、勞動部、國發會等各機關資源，投入約新臺幣一百六十七億元，幫助青年創業與就業。為了因應青年使用網路及資料方便取得，強化跨部會合作機制，並建置「青年圓夢網（http://young.ejob.gov.tw）」單一入口平台，整合各機關單位及連結地方政府資源，提供青年需求的協助與輔導，讓青年朋友們有機會實現希望與夢想。未來除跨部會協調合作之外，建議政府進一步整合公部門與民間企業的資源，提出通盤的規劃，積極落實，才能解決悶世代青年所面臨的問題。

另一方面，臺灣的科技業也必須創造屬於年輕人的產業，讓年輕人願意爭相投入。臺灣產業要有競爭力，必須結合網路世代年輕人的優勢。臺灣首要之務是改善創業環境，提振創業風氣，發展設計、生活方式、文創的高薪服務業，並結合既有的電子產業、音樂及文化產業。其他像是傳統零售業與網路產業的結合、電子產業與醫療產業的結合，都有機會發揮一加一大於二的力量。

青年是牽動世代與社會前進的動力，點亮年輕人的創意火花就能照亮更多人。鼓勵青年善用政府、企業及社會資源，學習科技資訊技能，打開機會之窗，擺脫「悶經濟」的緊箍咒。

3.16 如何協助青年就業

近年來，臺灣青年就業問題包括青年失業率偏高、青年初次尋職困難、就業不穩定、非典型工作增加、青年薪資成長緩慢等現象有惡化的趨勢。

造成上述現象最主要的原因是學用落差。學用落差牽涉整個產業結構與教育政策之間的整合問題。教改廣設大學的結果是，大學生畢業後寧可做低薪的白領階級，也不願從事收入較高的藍領工作。依據國發會調查報告，當前產業界反映學校供應之人力，其專業能力無法滿足產業需求，產生「量足、質不足」的人才缺口，導致我國產業出現缺工、失業並存之現象。

根據高等教育資料庫調查發現，青年從事職業以「辦公室事務人員」及「其他助理專業人員」最多，同時普遍具備大學或研究所學歷。白領服務業求職者供過於求，造成青年薪資成長緩慢；藍領製造業卻嚴重缺工，造成業者必須依賴引進外勞，進一步壓低青年就業市場的平均薪資。

要解決學用落差所造成的青年低薪問題，長期要逐步解決上游結構問題，也就是如何整合產業結構、勞動市場與教育政策。這部分需要經濟部、國發會、教育部與勞動部的跨部會整合。原行政院青年輔導委員會於二〇一二年底組改裁併後，在青年就業創業議題上，出現了缺乏協調統合的問題。馬政府的做法是在行政院成立青年顧問團，聊備一格，無法發揮功能。

行政院於二〇一六年八月成立青年諮詢委員會，協調各部會青年就業相關工作及資源配置。解決青年就業問題，政府的跨域協調與資源整合非常重要。行政院應比照新移民事務委員會成立青年事務委員會，提高層級。由行政院長或副院長任召集人，祕書長任副召集人，並由政務委員任執行祕書，負責跨部會青年政策的協調、規劃與執行，以統合分散在十一個部會的青年事務。

在短期政策執行面，政府應強化產學訓合一，幫助青年培養第二專長。筆者建議全國各地職訓中心配合青年及市場需求進行創新轉型，以提高培訓能量。未來促進青年就業方案應扮演縮短學用落差，提供尋職者接軌產業需求之關鍵角色，藉以迅速調和就業市場之供需。

另外，中央政府未來重大計畫必須考量區域產業特性，強化與地方政府專責單位的合作，使地方資源可連結中央政策，輔導青年就業、創業，協助政府發展具地方特色之產業，同時積極回應青年失業問題。

解決青年就業問題沒有特效藥，必須長、短期的藥方兼顧並進，才能標本兼治。透過積極的跨域治理，以及中央與地方的資源整合，才能有效回應日趨嚴重的青年就業問題。

Part 4

超越藍綠的格局與高度

4.1 兩岸應建立多元對話平台

壹、五二〇就職演說後的兩岸僵局

新政府二〇一六年上台至今超過一年兩岸僵局依然無解，甚至於有情勢惡化的趨勢。五二〇後蔡政府不直接承認九二共識，兩岸官方聯繫交流機制已停擺；陸客團火燒車事件、誤射飛彈等事件導致兩岸關係更加緊張；接著國際民用航空組織（International Civil Aviation Organization, ICAO）、APEC等國際會議，臺灣國際空間是否遭到壓縮，兩岸關係的走向值得關注。

中國外交部長王毅二〇一六年二月二十五日在美國智庫CSIS演講時，首次以「他們自己的憲法」一詞形容《中華民國憲法》，引起熱烈討論與揣測，因為這是在歷史上前所未見的。最接近的是胡錦濤二〇一二年於吳胡會上「大陸臺灣同屬一中，符合兩岸現行規定……」，以及當年孫亞夫在臺北論壇「從各自現行規定出發，確認中國領土和主權沒有分裂……」的說詞。以王毅曾經擔任過國臺辦主任，對兩岸事務十分熟悉，加上過往謹慎發言的個性，這應該不是一時興起或失言，背後應該有其代表的意義。

選後蔡宋會，宋楚瑜建議「以中華民國為最大公約數，遵守《中華民國憲法》與憲政體制，才能反映臺灣真正主流民意，符合大家共同利益」。蔡英文就職演說提到，新政府會依據《中華民國憲法》、《兩岸人民關係條例》處理兩岸事務。尤其《兩岸人民關係條例》的名稱與總則，是針對國家統一前兩岸人民往來，說明兩岸關係定位不是國與國的關係，而是一國兩區，幾乎是馬規蔡隨，體現九二共識的實質內涵。

總的來看，蔡英文就職演說的兩岸論述綜合謝長廷「憲法各表」內涵，再加上王毅的提示、宋楚瑜的建議。然而，北京最終仍不滿意民進黨的替代方案，堅持要比照國民黨政府一樣的標準「九二共識」，以明確兩岸關係的定位（究竟是否國與國的關係）。

蔡英文對兩岸關係的定位，就如美國資深亞太專家葛來儀所言：只差沒說出「九二共識」四個字。卜睿哲曾經提過，中國僵硬的體制，錯失李登輝與陳水扁的善意。假如這種善意沒有把握好，很容易重蹈覆轍。蔡首度提到兩個執政黨要積極創造「民共兩黨的交流」的新契機，這也是善意。對北京而言，臺灣政黨輪替已成為新常態，中國大陸的兩岸戰略思考，是要鼓勵民進黨中間務實路線的抬頭？還是要抱住九二共識四個字，步步進逼，冒著把蔡英文推向深綠、兩岸關係倒退崩解的風險？在兩岸關係發展的關鍵歷史節點，北京應有與時俱進的思維。

北京當然還是重申了立場，以「未完成的答卷」強調九二共識是一切交流的政治基礎，期待蔡政府進一步表態。國臺辦主任張志軍二〇一六年五月二十五日還更尖銳地說出「臺獨只有死路一條」，看似越來越強硬。

北京在民進黨重新執政所展現的強硬態度，反映了當前幾個客觀的環境現實。第一，在中國經濟下行的情況下，習近平全力打貪，加以東海、南海的情勢日趨複雜，北京在臺灣問題上不能有任何閃失，寧左勿右。第二，民共長期缺乏互信以及共同政治基礎，即使蔡英文做了大幅轉身，北京仍不相信。第三，北京對臺灣政局發展，主觀上期待國民黨能東山再起，不能讓民進黨輕易過關。

當東海與南海爭議不斷升高之際，蔡英文總統除公開表達捍衛中華民國的主權與領土，主張「擱置爭議，共同開發」立場，也以某種間接方式傳達她所領導的新政府並無意加入反中（中國大陸）包圍圈，釋出善意。

然而，中南海對蔡英文演說部分內容的質疑，加上民共兩黨長期缺乏互信，使北京終究拍板採取最嚴格標準，決定暫停兩岸官方溝通聯繫。這段二〇一六年版的「聽其言、觀其行」，究竟要走多遠、要如何轉化，還要看雙方的政治智慧才能決定。

貳、民共關係：兩岸和平發展的挑戰

過去許多中國大陸友人常說「民進黨不瞭解中國大陸」，確實如此。但中國大陸又可真瞭解民進黨及臺灣民心？民共長期缺乏互信、缺乏溝通與對話，只要臺灣政黨輪替，兩岸關係總是出現震盪、閉鎖的僵局，甚至過去行之有年的地方縣市交流也受到波及而關閉。民共關係緊張對立的結果是，「中共不識臺，臺灣不識共」，彼此只能各自相互取暖，形成兩岸關係緊張的根源。

不可諱言，民共關係長期缺乏互動與互信，兩缺之下形成一種惡性循環。儘管蔡英文選舉前後在兩岸議題處理上均已展現相當克制，甚至選後在黨中央主導下不惜得罪獨派與支持群眾，硬是將原本的《兩岸協議監督條例》去「兩國論」。但即使蔡個人如此努力，選後黨內部分立委缺乏大局意識與執政意識，在立法院的諸多表現進一步加深對岸的疑慮，也錯失雙方利用此政權過度期營造彼此善意的機會。

觀察中國大陸方面對臺灣政局發展的擔憂，除過去幾年力挺支持的國民黨在二〇一四年地方選舉及二〇一六年初總統及立委選舉連遭挫敗外，臺灣主體意識的不斷提升更加劇其對未來兩岸關係發展的擔憂，在情感上更是難以接受國民黨敗選的事實，或因此導致中國大陸內部鷹派聲音頓時高漲，同時限縮北京當局對臺政策的迴旋空間。

根據二〇一五年十月一份民調資料顯示，臺灣民眾的「當下統獨選擇」與「預期未來統獨走向」出現明顯落差。儘管有百分之四十六點四的臺灣民眾選擇「獨立」，但對未來兩岸關係發展趨勢卻有高達百分之四十九點七預期「臺灣被中國大陸統一」，遠超乎各界想像，更顯示臺灣民眾如何擺盪於理想與現實之間。

二〇一六年三月十四日「臺灣指標民調」顯示，「兩岸同屬一中」如果是同屬於中華人民共和國，有百分之八十一點六不能接受；而「兩岸同屬一中」如果是同屬中華民國，也有百分之六十不能接受。三月二十九日陸委會發布的民調也顯示，超過七成的臺灣人不認同中國大陸「兩岸同屬一中」的說法（達百分之七十二點七）。四月十四日「兩岸政策協會」發布民調顯示，有百分之五十九點七的臺灣民眾認為蔡英文不應在就職演說提到「兩岸同屬一中」。

由此可見，當前「九二共識」與「一中原則」在臺灣並未普遍受到歡迎，中國大陸不斷要求蔡英文接受，只會讓臺灣民眾對中國大陸的印象更為負面。臺灣是「由下而上」的選舉社會，執政者的一切施政是以民意為依歸。

在這樣的情況下，蔡英文在就職演說中通過「憲法一中」與「一國兩區」的法律定位，間接表達接受九二共識實質內涵，盡力滿足北京的要求；只差沒說出九二共識四個字，是為避免選民與支持者的強烈反彈，可以說在兩岸關係的處理上，應該是歷任民進黨領導者所釋出最大善意與彈性。

五二〇臺灣政黨輪替之後，北京對臺交往採取的是「區隔對待」與「官冷民熱」的策略。在九二共識、一中原則上，雙方目前尚無交集的情形下，北京採取區隔對待，區隔地方跟中央的態度；也區隔出有政治互信的地方政府，如臺北跟上海。對沒有政治互信的縣市，或其他民進黨執政縣市，則採關閉交流的對待方式。

對北京而言，兩岸之間沒有共同政治基礎，因此官方的往來凍結停止；但中共同時加強對臺民間的交流活動，尤其兩岸青年交流、青年創業就業交流更是重中之重。最近就有很多的中國大陸省市台辦以及青年工作單位來臺進行青年交流，配合兩岸青創基地的擴大政策，加強對臺青年工作的力度。

但是中國大陸來臺的民間交流也是有選擇性，只跟藍營色彩的社團交流，完全避開非藍營色彩的社團。這樣就出現了一個盲點，兩岸的交流只是在相互取暖；而立場分歧的始終無法溝通交流，更難化解敵意。在官方交往停擺的情形下，兩岸民間交流的差別對待策略，封閉了對話溝通的機會之窗，無助於改善民共僵局的惡性循環。

兩岸應擺脫民共對立的輪迴宿命。不可諱言，民共關係長期缺乏互動與互信，兩缺之下形成一種惡性循環。只要臺灣政黨輪替，兩岸關係總是出現震盪、閉鎖的僵局，甚至過去行之有年的地方縣市交流也受到波及而關閉。民共關係對立的結果是，「中共不識臺，臺灣不識共」，形成兩岸關係週期性緊張的根源。

可預期未來一段期間，民共政府還會持續過招，同理心與相互諒解的政治思維更為重要。正如同我們期待中國大陸能夠理解，臺灣的政治制度要求政府政策必須遵循民主原則及臺灣普遍民意的選擇為依歸；我們也必須理解中國大陸對於民族主義與主權領土的堅持。兩岸社會各有激進言論主張，雙方都有責任控制風險，避免矛盾對立升高。

參、相向而行：和平發展才是硬道理

要蔡英文說出「兩岸同屬一個中國」，就客觀環境而言，顯得更加困難。民共雙方都認為時間站在自己這邊。站在北京的立場，中國在國際上的綜合國力上升，對臺籌碼增加，當然不願意臺灣每一次政黨輪替，兩岸的共同政治基礎就打折扣，因此堅定立場，反覆重申兩岸政治基礎的核心意涵和重要性。

對民進黨來說，大選新民意（加上周子瑜事件）展現臺灣拒統民意高漲，更加鞏固民進黨對九二共識與一中的排斥態度。從一九九〇年代到民進黨執政第一任期間，中國大陸對臺政策僵化（一國兩制），造就本土意識的反中社會基礎。二〇〇八年後，快速發展的兩岸民間互動，讓兩岸人民從想像的敵對到近身的摩擦，生活習慣的差異與政經利益的衝突相互糾結，以及香港經驗負面效應的擴散，擴大臺灣社會「恐中、反中」的社會基礎。當前臺灣的時空環境與民意結構，限制了蔡英文在兩岸論述轉身的空間。

可以說，兩岸客觀環境風險升高，中國民族主義與臺灣主體意識隨時有對撞的可能。二〇一六大選後兩岸關係何去何從？最簡單而民粹的選擇是採取「對抗邏輯」——藍綠對抗、兩岸對抗，最後升高為臺灣民族主義與中國民族主義的對撞，造成兩岸和平發展的重大挫折崩解，更是中華民族的悲劇。

兩岸之間要避免誤判、縮小分歧，唯有不斷的溝通與對話。畢竟新政府所要推動的各項改革都必須建立在穩定的兩岸關係之上，尤其臺灣正面臨嚴峻的經濟挑戰，臺灣要改變對中國大陸單一市場的過度依賴並非短期就能完成，對外經貿的拓展不論是參與TPP、RCEP、甚至新南向政策也都需要時間。同時新政府也必須繼續照顧在中國大陸的臺灣人民以及依賴中國大陸市場的產業，兩岸兩會協商，已簽訂的二十三項協議、小兩會等機制都有維繫的必要。

當年鄧小平推動中國大陸改革開放初期也衍生很多問題，爭論不斷，卻總結出「發展中的問題要靠不斷發展來解決」。歷經改革開放三十年，中共領導人習近平上任後更提出「實踐發展永無止境，改革開放也永無止境，停頓和倒退沒有出路，改革開放只有進行時、沒有完成時」。那麼，當前兩岸關係和平發展所產生的問題，是否也當依靠深化、改善兩岸關係和平發展的思路來應對？

正如中共總書記習近平所言：「衝破思想觀念的障礙、突破利益固化的藩籬，解放思想是首要的。在深化改革問題上，一些思想觀念障礙往往不是來自體制外而是來自體制內。思想不解放，我們就很難看清各種利益固化的癥結所在，很難找準突破的方向和著力點，很難拿出創造性的改革舉措。因此，一定要有自我革新的勇氣和胸懷，跳出條條框框限制，克服部門利益掣肘，以積極主動精神研究和提出改革舉措。」

肆、兩岸多元對話以建立永續和平

從長遠來看，溝通交流（統戰）是戰術問題，兩岸關係的和平發展則是戰略問題。惟有爭取臺灣更多黨派及勢力（包括民進黨）共同支持、參與兩岸關係和平發展的歷史進程，才能更加有利於形塑、鞏固此一發展態勢，並降低因臺灣內部黨爭從而干擾兩岸關係正常發展的風險。

對臺北而言，當前臺灣的民意固然是「不想統」，但臺灣的歷史與地理早就決定了臺灣的前途不可能單純由自己決定，在中美臺大三角關係中，臺灣的執政者要有智慧，宣示「不獨」，才能同時符合中美大國的利益。兩岸關係向來都是機會與威脅並存，如果民進黨政府跳不出統獨意識形態的桎梏，只會讓威脅越來越大而機會越來越小，甚至危及中華民國的生存發展。

北京說蔡英文未完成答卷，將繼續聽其言、觀其行。在觀察階段，我建議兩岸都應以善意與同理心相向而行。對臺北而言，除了繼續完成答卷進一步闡明九二共識的實質內涵之外，更重要的是「建立互信」。包括歷史課綱微調、文化教育去中國化、民進黨黨綱修正等議題，都是民共逐步建立互信的指標。對北京而言，應該從兩岸和平發展的大局思考戰略的選擇，究竟是要一步到位？還是要漸進而行？

一步到位的過硬路線很可能失去臺灣民心，不利兩岸的心靈契合與兩岸和平發展的深化，也迫使臺灣民粹主義與中國民族主義對抗的風險升高。兩岸沒有對撞的本錢，蔡英文已經表達善意，宣示遵守憲法一中、維持現狀，承認九二共識實質內涵，北京何妨用比較正面鼓勵的態度，把民進黨拉回中華民族的道路，逐步建立互信，進而產生兩岸一家親的認同感，這將對於兩岸和平發展產生積極而長遠的影響。

我過去長期主張，兩岸要建構永續和平發展，必須建立紅藍綠橘的溝通對話平台，可以先從民間做起。兩岸關係發展需要雙方以同理心和耐心來呵護，我建議兩岸應該建立兩岸對話的多元渠道與民間平台，從中尋求創意、擴大交集，凝聚共識，為兩岸永續和平發展鋪奠基礎工程。唯有不斷的溝通對話，才能改變民共關係的惡性循環，兩岸關係的永續和平才得以鞏固。

我建議兩岸要有開創新局的新作為，打破過去三十年「藍綠對立、（紅）拉藍打綠、紅綠僵局」的惡性循環，具體的做法如下：

第一，在臺灣內部成立兩岸關係和平發展委員會，納入各重要黨派及產官學代表，真正實現藍綠和解精神，凝聚臺灣共識，制定兩岸關係和平發展綱領（類似取代《國統綱領》的功能）。

第二，在兩岸政策與兩岸事務相關政府機構的人事任命，如國安會、陸委會、海基會的諮詢委員、顧問等職務，遴聘跨黨派學者、專家。

第三，兩岸間除了官方的聯繫機制之外，建立二軌或三軌的民間對話平台，包括政黨間的對話平台，如國共論壇擴大為兩岸政黨論壇；以及民間社團（基金會）的對話平台，例如臺北論壇、兩岸政策協會都是致力於建構跨越黨派的對話平台，應善加利用。兩岸即使官方管道停擺，民間平台應維持制度化，不受臺灣政黨輪替更迭的影響，兩岸和平方得永續經營。

4.2 北京應鼓勵藍綠和解

從一九九六到二〇一六年的總統大選，兩岸關係總是大選的爭議焦點。二〇一二年馬前總統曾經提出簽署兩岸和平協議的主張，綠營指為賣臺、邁向統一；在大選民調受到衝擊後，馬立刻改口提出洽簽兩岸和平協議的三個前提：一是民意高度支持、二是國家需要、三是國會監督。

兩岸和平協議，對臺灣而言，究竟是美麗的夢想願景，還是政治人物聞之色變的票房毒藥？正視中華民國兩岸關係究竟何去何從？二十多年來兩岸越交流，臺灣人民支持統一的民意不增反減。臺灣人認同指數（臺灣人認同減中國人認同）從一九九二年的負百分之七點九增加到二〇一四年的百分之五十七點一；臺灣「拒統指數」（臺灣人民堅定拒絕統一的比例）從一九九四年的百分之二十點九，增加到二〇一四年的百分之四十九點一，都是歷史新高。

北京應該思考反省：為什麼拒統是臺灣的主流民意？北京在國際空間打壓中華民國，在兩岸間不願正視中華民國的存在；對臺灣人來說，終極統一的結果就是中華民國消失。中華民國是華人世界實施民主自由的國家，在中共一黨專政體制不改的前提下，臺灣民眾擔心終極統一的結果就是臺灣成為香港第二，言論集會遊行的基本人權受到箝制。這正是已經習慣民主自由生活方式的臺灣人恐懼統一的心理因素。

北京對臺政策之所以「事與願違」，是因為沒有對症下藥，沒有抓住臺灣民心，對臺工作出現了矛盾與盲點。

第一個矛盾是，正視「中華民國」有利於推動兩岸政治談判，但北京的實際作為卻背道而馳！中華民國是兩岸人民「心靈契合」的連結臍帶，通過《中華民國憲法》與歷史記憶，臺灣人民才能夠將臺灣認同連結到中華民族認同，也才能與中國人認同形成一種包容交集狀態，而非互斥對立的現況。

第二個矛盾是，若要有利於推動政治談判、簽署和平協議，北京應該鼓勵藍綠對話和解。中國大陸多次呼籲兩岸簽署和平協議，但臺灣內部沒有共識、互扯後腿，和平協議就不可能有簽署的一天。只要臺灣藍綠對立激化，缺乏對話溝通的平台，和平協議在臺灣就只能成為政治動員的口號，不可能落實為臺灣朝野推動的共識。從兩岸和平發展大局的戰略高度與可操作性來看，中國大陸應該要鼓勵藍綠對話和解，而非將民進黨視為敵我矛盾的對象。

前總統馬英九曾經宣示若有兩岸和平協議，必定以公投行之，否則現狀就是維持「不統不獨」。蔡英文的維持憲政體制現狀說，加上她過去多次強調未來兩岸政治關係的選擇，將尊重臺灣人民的意志，這個說法在實質上幾乎等同於馬前總統的主張。

鼓勵藍綠和解換句話說，臺灣藍綠政黨都主張，兩岸關係的未來發展是開放性的，只要得到臺灣人民同意，臺灣可以接受任何形式的兩岸新政治關係。北京希望兩岸實現統一，應該以文明價值說服臺灣人民，過程必須是民主與和平的方式，結果應是兩岸雙贏與共榮。兩岸政府必須以人民幸福為出發點，來務實思考與解決兩岸問題

二〇一四年九合一選舉的柯P現象，反映出民眾對於政黨惡鬥的厭煩，已然成為臺灣民眾的共識。政黨政治本來是希望不同政黨可以在相互競爭中，激勵進步；事實上卻往往淪為互扯後腿與比爛，只論藍綠、不問是非。過去二十年來即使兩次政黨輪替，臺灣經濟社會的發展卻陷入遲緩，而民眾對政黨惡鬥的反感，則隨著《服貿》、《貨貿》延宕、薪資停滯與房價居高不下而越來越深。

臺灣實施總統直選以來，我們常以身為亞洲民主國家領頭羊而自豪；但臺灣政治長期存在的政黨惡鬥與藍綠撕裂，又成為臺灣民主政治的病灶，被中共反對西式民主的人士拿來嘲諷。

兩岸關係發展需要雙方以同理心和耐心來面對。我建議兩岸應該建立紅藍綠三方對話的多元渠道與民間平台，從中尋求創意、擴大交集，凝聚共識，為和平協議鋪奠基礎工程。

4.3 守護民主　朝野不分顏色

二〇一五年的雙十國慶別具雙重意義。第一、民進黨主席首度出席國民黨執政的國慶大會，第二、所有的總統候選人蔡英文、宋楚瑜、洪秀柱以及朱立倫一同出席，四個人相互握手交談的畫面，各界矚目。中華民國成為朝野政黨與總統候選人的公約數，這算是中華民國最好的生日禮物吧！

二〇一五年，中國大陸紀念抗戰勝利七十周年，拼命宣傳「中國共產黨是對日抗戰勝利的中流砥柱」。二〇一六年九月底，我應邀到武漢擔任兩岸大學生創新創業大賽的評審，順道參觀辛亥革命博物館。在館內端詳許久，在數以百計的展覽文件，好不容易才找到「中華民國」軍政府幾個字的一張解說；在博物館園區外的跑馬燈，仍在宣傳「共產黨是抗戰的中流砥柱」。走出館外，內心五味雜陳。中共企圖掩蓋中華民國領導抗戰的史實，反而激發臺灣不分藍綠捍衛中華民國的歷史話語權。

國慶前夕，換柱風暴紛紛擾擾。洪秀柱民調破磚後，提出「一中同表」、「中華民國不存在說」，支持度大幅滑落。最近又提出終極統一的主張，把自己逼到統獨光譜的極右端，是被撤換的最後一根關鍵稻草。對於個人來說，統獨立場是一種價值認同，沒有是非對錯；但總統候選人不是傳教士，只要違逆臺灣主流民意，就會被選民放棄，甚至波及立委選情。總統必須只能扮演「民之所欲，常在我心」的務實政治家。

二十多年來兩岸越交流，臺灣人民支持統一的民意不增反減。根據政大選研中心的調查，臺灣人認同指數（臺灣人認同減中國人認同）從一九九二年的負百分之七點九增加到二〇一四年的百分之五十七點一；臺灣「拒統指數」（臺灣人民拒絕統一的比例）從一九九四年的百分之二十點九，增加到二〇一四年的百分之四十九點一，都是歷史新高。

北京應該思考反省：為什麼拒統是臺灣的主流民意？北京在國際空間打壓中華民國，在兩岸間不願正視中華民國的存在；對臺灣人來說，終極統一的結果就是中華民國消失。中華民國是華人世界實施民主自由的國家，在中共一黨專政體制不改的前提下，臺灣民眾擔心終極統一的結果就是臺灣成為香港第二，言論集會遊行的基本人權受到了箝制。這正是已經習慣民主自由生活方式的臺灣人恐懼統一的心理因素。

換柱風暴是國民黨為了保住國會版圖而必須回應民意的作為。北京應當深思換柱事件背後所反映臺灣人民的意志，認真思考「正視中華民國」，方有利於鋪陳未來兩岸政治對話與談判。

臺灣實施總統直選以來，我們常以身為亞洲民主國家領頭羊而自豪；但臺灣政治長期存在的政黨惡鬥與藍綠撕裂，又成為臺灣民主政治的病灶，讓中共反對西式民主的人士拿來嘲諷。二〇一五年國慶，我們看到臺灣政黨用行動展現從藍綠惡鬥的漩渦中掙脫而出的共同願望；看到臺灣民主價值的提升，露出了曙光！

惟有朝野政黨不分顏色，團結凝聚在中華民國的旗幟下，臺灣才能在面對崛起的中國與詭譎多變的國際情勢當中，團結攜手，守護臺灣民主。

4.4 蔡宋會　拋藍綠創新局

蔡宋會二〇一六年三月九日登場，各方矚目。蔡英文競選期間承諾，選後將組執政大聯盟，不會整碗捧去；宋楚瑜在競選期間也主張大聯合政府，用人不分藍綠。因此，政壇多方揣測宋楚瑜組閣或出任海基會董事長的人事安排。

從現實政治的戰略意義來看，蔡宋合作對蔡英文來說，除了宋楚瑜的行政幹才與經驗之外，還兼具建立超穩定民意基礎以及兩岸關係搭橋潤滑的多重意義。但我認為蔡宋會對臺灣社會，最重要的意義不在人事安排，而在於臺灣的主要政黨能夠放下政黨顏色，為臺灣開創民主新政治的未來性。

長期以來，臺灣社會被藍綠嚴重綁架。可以說，每個臺灣人要被迫戴上有色眼鏡，無數個家庭都受到藍綠對立的影響，甚至於造成夫妻失和、兄弟吵架、朋友絕交！過去的臺灣政治是，民進黨上台，國民黨杯葛；輪到國民黨上台，民進黨扯後腿。這樣的惡性循環，一再歷史重演。

民眾對於藍綠惡鬥的厭煩，已經成為臺灣的主流民意。政黨政治本來是希望不同政黨可以在相互競爭中，激勵進步；事實上卻往往淪為互扯後腿與比爛，只論藍綠、不問是非。過去二十年來即使兩次政黨輪替，臺灣經濟社會的發展卻陷入遲緩，而民眾對政黨惡鬥的反感越來越深。

我們的民主品質一直沒有提升，每一次選舉過後都是一道道的傷痕。藍綠的高牆撕裂了臺灣社會，讓我們的社會缺乏理性討論、就事論事的空間；更使我們喪失了不分彼此、建設家園的動力。

宋楚瑜在會後指出，蔡宋會從頭到尾沒有提到個人職務問題，這不是個人出路問題，也不是為哪一個政黨找出路，而是為臺灣找出路。他與蔡的看法一致，就是必須放下過去藍綠沒有必要的持續對立。這是藍綠橘同心希望結束藍綠惡鬥的最佳歷史契機。

當前臺灣在內政、經濟、產業、財政、年金改革、所得分配、兩岸關係等方面面臨多重挑戰。蔡英文以總統當選人的身分，啟動政黨領袖拜會之旅，嘗試以建構國內政治良性互動的新局，因應未來接踵而至的政策挑戰，毋寧是反映了蔡英文在民進黨內非典型的政治人格特質。我們期待，蔡宋會不僅是朝野走出藍綠惡鬥漩渦，共譜政黨合作的序曲，也是提升臺灣民主政治品質的新篇章！

4.5 中華民國　請讓真相說話

在各方強烈質疑聲中，連戰二〇一五年九月一日在北京進行連習三會。外界關注連戰將傳達什麼聲音給習近平？出發前連戰幕僚透露，連戰會對中國大陸明確表達國軍領導抗戰的歷史觀。但看了連戰的講話，我感到非常失望！

連戰說：「抗戰期間，中國國民黨軍隊在蔣介石領導下正面戰場，布署了一系列會戰和大仗，深深重挫了日軍，中國共產黨軍隊在毛澤東領導下敵後戰場，有力牽制、殲擊了日軍和偽軍。」這個說法完全呼應中共的抗戰史觀。

鐵一般的歷史事實是，當年領導八年抗日的是中華民國政府，中華人民共和國尚未誕生。而今中共卻反客為主，以主角之姿攫取了紀念抗戰勝利的舞台，並將解放軍形容為抗日「中流砥柱」。但悲哀的是，連戰的講話內容與中共的官方宣傳一樣，把國民黨與共產黨的抗戰貢獻視為等同重要，中華民國政府、國民革命軍、蔣委員長三個關鍵詞都消失無蹤。

共產黨擅於宣傳吹噓，為凸顯其在抗戰中的地位，官方媒體拚命誇大八路軍、新四軍、華南游擊隊等的英勇事蹟。當時這些共軍都整編為國民革命軍番號，體制上接受蔣委員長與戰區司令長官的指揮節制。後來實際的歷史發展卻不是這一回事。

毛澤東在一九三七年八月在陝北洛川會議上的講話：「有的人認為我們應該多抗日，才愛國，但那愛的是蔣介石的國，我們中國共產黨人祖國，是全世界共產黨人共同的祖國即蘇維埃（蘇聯）。我們共產黨人的方針是，要讓日本軍隊多占地，形成蔣、日、我，三國志，這樣的形勢對我們才有利……為了發展壯大我黨的武裝力量，在戰後奪取全國政權。我們黨必須嚴格遵循的總方針是『一分抗日，二分應付，七分發展』。任何人，任何組織都不得違背這個總體方針。」

一個簡單的史實是，抗戰八年國民黨將領犧牲了兩百六十八人，而共產黨的八路軍與新四軍僅一位左權將軍陣亡，這就是共軍在毛澤東「一二七」方針指導下的「抗戰貢獻」。如今，「中國共產黨的中流砥柱作用是抗戰勝利的關鍵」，儼然成為中國大陸紀念抗戰勝利七十周年的主旋律。

北京在現實政治上不願意承認中華民國，但在歷史詮釋上，中共應有氣度在抗戰史實承認中華民國政府的主導貢獻。這也算是某種形式「正視中華民國的存在」，唯有還原歷史真相，才能有利於兩岸真正和解與進入政治談判深水區。

身為中華民國前副總統，連戰堅持到北京出席閱兵，行前宣稱要為臺灣發聲，卻在最重要的連習會喪失中華民國的歷史話語權。我建議在二〇一五年九月三日中共舉行大閱兵的同時，中華民國政府要採取主動積極作為，召開國際記者會，呈現完整的抗戰歷史與資料檔案，向國際社會傳達中華民國在二戰的重要角色與貢獻；同時訴求中華民國追求民主自由與兩岸和平的決心。

悲情的中華民國，主動出擊，讓真相說話吧！

4.6 藍綠對立就沒有兩岸和平協議

洪秀柱在國民黨全代會參選演說中的兩岸論述，回到九二共識，不再提一中同表與兩岸和平協議。相較於上次總統大選，這次兩岸和平協議的話題在政黨提名前就此打住，命運多舛。

從二〇一二到二〇一六年的總統大選，這個議題總是引起討論與爭議。二〇一二年馬前總統曾經提出簽署兩岸和平協議的主張，綠營指為賣臺、邁向統一；在大選民調受到衝擊後，馬立刻改口提出洽簽兩岸和平協議的三個前提：一是民意高度支持、二是國家需要、三是國會監督。

兩岸和平協議，對臺灣而言，究竟是美麗的夢想願景，還是政治人物聞之色變的票房毒藥？

二十多年來兩岸越交流，臺灣人民支持統一的民意不增反減。臺灣人認同指數（臺灣人認同減中國人認同）從一九九二年的負百分之七點九增加到二〇一四年的百分之五十七點一；臺灣「拒統指數」（臺灣人民堅定拒絕統一的比率）從一九九四年的百分之二十點九，增加到二〇一四年的百分之四十九點一，都是歷史新高。

北京對臺政策之所以「事與願違」，是因為沒有對症下藥，沒有抓住臺灣民心，對臺工作出現了矛盾與盲點。第一個矛盾是，正視「中華民國」有利於推動兩岸政治談判，但北京的實際作為卻背道而馳！

北京過去一貫主張「中華民國在一九四九年已經消失了」，使中華民國政府在國際空間失去自尊繼而喪失自信，失去了對中國的認同感、民族責任心與「我群感」，進而失去了給臺灣人民一個維繫「中國認同」的合情合理之基礎。

事實上，中華民國是兩岸人民「心靈契合」的連結臍帶，通過《中華民國憲法》與歷史記憶，臺灣人民才能夠將臺灣認同連結到中華民族認同，也才能與中國人認同形成一種包容交集狀態，而非互斥對立的現況。

第二個矛盾是，若要有利於推動政治談判、簽署和平協議，北京應該鼓勵藍綠對話和解。中國大陸多次呼籲兩岸簽署和平協議，但臺灣內部沒有共識、互扯後腿，和平協議就不可能有簽署的一天。只要臺灣藍綠對立激化，缺乏對話溝通的平台，和平協議在臺灣就只能成為政治動員的口號，不可能落實為臺灣朝野推動的共識。從兩岸和平發展大局的戰略高度與可操作性來看，中國大陸應該要鼓勵藍綠對話和解，而非將民進黨視為敵我矛盾的對象。

馬前總統曾宣示若有兩岸和平協議，必以公投行之，否則現狀就是「不統不獨」。蔡英文的維持憲政體制現狀說，加上她過去多次強調未來兩岸政治關係的選擇，將尊重臺灣人民的意志，這個說法在實質上幾乎等同於馬前總統的主張。

換句話說，臺灣藍綠政黨都主張，兩岸關係的未來發展是開放性的，只要得到臺灣人民同意，臺灣可以接受任何形式的兩岸新政治關係。北京希望兩岸實現統一，應該以文明價值說服臺灣人民，過程必須是民主與和平的方式，結果應是兩岸雙贏與共榮。兩岸政府必須以人民幸福為出發點，來務實思考與解決兩岸問題。

在臺灣內部沒有共識，兩岸缺乏互信的情況下，兩岸政治談判無法啟動，根本不可能簽署和平協議，建構兩岸和平發展制度性框架。兩岸關係發展需要雙方以同理心和耐心來呵護。我建議兩岸應該建立紅藍綠三方對話的多元渠道與民間平台，從中尋求創意、擴大交集，凝聚共識，為和平協議鋪奠基礎工程。

4.7 期待大和解 臺灣向前走

九合一選舉國民黨全面潰敗，反映了民心思變。選舉結果出乎意料之外，但回顧這次的選舉過程，一如往常，充滿負面言語與情緒，讓許多民眾感到心煩。選舉過後，大家該思考的是，臺灣如何繼續向前走？

選舉結果必然是幾家歡樂幾家愁，但我更想討論的是：「選舉對臺灣民主的意義是什麼？」選舉是民主社會的一種必要手段，制度的初衷是透過選舉的競爭，讓人民有更好的生活品質。但臺灣現在的選舉文化，已經變成為達目的不擇手段，手段扭曲了目標的本質。

過去三十年，臺灣歷經全國、地方等大大小小的選舉，政黨與候選人為了爭奪政權、擴大政治版圖與資源，將每一次選舉都搞成「前哨戰」、「保衛戰」的激情選戰。一場選舉剛落幕，傷口尚未癒合，下一次選舉又接踵而來。選舉周而復始的撕裂社會和諧，侵蝕了政黨之間的互信基礎。在選舉期間，候選人除了勝選之外，對於其他的社會價值幾乎完全漠視。

民眾對於政黨惡鬥的厭煩，已然成為臺灣民眾的共識。政黨政治本來是希望不同政黨可以在相互競爭中，激勵進步；事實上卻往往淪為互扯後腿與比爛，只論藍綠、不問是非。過去二十年來即使兩次政黨輪替，臺灣經濟社會的發展卻陷入遲緩，而民眾對政黨惡鬥的反感，則隨著《服貿》、

《貨貿》延宕、薪資停滯與房價居高不下而愈來愈深。

中華民國做為亞洲第一個民主國家，我們民主的品質與風範卻一直沒有提升，每一次選舉過後都是一道道的傷痕。前總統馬英九在國慶文告呼籲北京應該讓中國大陸一部分人先民主起來。習近平的回應是「兩岸應尊重彼此政治社會制度的選擇」；國臺辦發言人范麗青說：「對於臺灣政治發展道路對其自身社會政治穩定、經濟發展帶來什麼影響，我們無意評論。」言下之意是臺式民主並不可取，不足以成為中國未來政治發展的垂範。

每當我看完ＮＢＡ籃球賽後，都會注意到賽後雙方不論輸贏，兩隊球員都會透過拍肩擁抱的方式，相互致意，讓人無法連想到前一刻，雙方球員還在球場上激烈拚搏、肢體衝撞。

眾所矚目的臺北市長選舉，無黨籍的柯文哲在藍大於綠的臺北獲得勝利，一個重要因素是其有別於傳統的選戰策略。他把格局拉高，跳脫政黨對決的態勢，訴求「改變臺灣政治文化，從首都開始」，要結束對立、仇恨，以愛為名進行改變政治的社會運動，用愛擁抱臺北。柯文哲說「我們也許有不同的過去，但我們有共同的現在，這場選舉要決定我們是否選擇共同的未來」。

選舉結束了，我們多麼期待柯Ｐ能向連勝文伸出橄欖枝，雙方握手言和，擁抱致意，寫下臺灣民主風範的新頁！

4.8 紀念二二八 總統應展現超黨派高度

二〇一七年是二二八的七十周年，部分團體直指蔣介石是二二八的元凶，採取激烈行動去蔣化，如同扁政府時代的制約反應，外界必然有不同的兩極評價；每年二二八重複炒作反蔣去蔣，徒增社會衝突對立，毫無意義。

對臺灣社會來說，如何透過歷史真相的梳理，記取歷史教訓，避免歷史悲劇的重演，透過對話撫平傷痛，才是積極向前的正能量。

做為宣誓遵守《中華民國憲法》的蔡總統，可以有讓外界耳目一新且提升歷史高度的做法，是代表中華民國政府向二二八受難者及其家屬鄭重道歉。蔡總統如果能這樣做，有三點重大意義。

第一、彰顯民主政治的價值。前總統馬英九執政八年期間，在每一年二二八紀念日都向受難者家屬表達歉意，外界視為理所當然。如果蔡總統能夠首度以民進黨籍的國家元首身分，為七十年前在臺灣發生的國家機器暴力造成的無辜人民傷亡致歉，這代表著紀念二二八已不再是政黨選舉鬥爭的工具，而是超越黨派的歷史反省。就如同美國總統每年悼念越戰陣亡將士，不是專屬民主黨或共和黨總統的專利，而是所有美國人的共同歷史承擔，這將彰顯臺灣民主政治的崇高價值。

第二、展現藍綠和解、族群和諧的誠意。獨派的觀點始終認為國民政府是外來政權，而二二八事件是外來政權所造成的歷史悲劇。蔡總統代表中華民國政府致歉，象徵意義是將中華民國管轄下的兩千三百萬人民視為命運共同體，不分族群、不論先來後到，大家一起共同面對這段因戰亂而造成的歷史悲劇，惕勵絕不再讓歷史重演。這將有助於臺灣內部的族群和諧與共識的凝聚。

第三、有助於改善兩岸互信。蔡英文就職演說提到新政府會依據《中華民國憲法》、《兩岸人民關係條例》處理兩岸事務，就如美國資深亞太專家葛來儀所言：只差沒說出「九二共識」四個字。中共認為民進黨執政下中華民國的歷史意涵早已被掏空，不再是一九一一年創建的中華民國。事實上，歷史是無法割裂的，即使政黨輪替，政府仍是一體繼承。舉例而言，在南海爭端議題上，政府為捍衛太平島主權所提出的法理依據，就是中華民國內政部一九四七年所頒發的南海諸島位置圖。

蔡總統如果能概括承受七十年前中華民國政府所犯下的歷史錯誤，謙卑反省，無非是用行動證明了當前中華民國政府與中國大陸的歷史連結，也證明了並非如中國大陸涉臺學者所認定的蔡政府全力搞「去中國化的文化臺獨」，對於兩岸政治互信的建立與僵局的突破，有正面加分的積極意義。

蔡總統在臉書針對二二八事件提到要努力追求真相，「轉型正義的目標是和解，而不是為了鬥爭」。那麼，何妨就從國家元首做起，引領臺灣社會各界，以謙卑寬恕的態度，用新的視野與高度，來共同面對這一歷史傷痛。

Part 5

建立兩岸永續和平

5.1 中華民國是兩岸連結臍帶

根據競爭力論壇二〇一五年七月二十七日發布的最新調查結果，若採用包容式的問卷設計有六成以上民眾認為，以「泛中國人」的立場更能確保臺灣利益、兩岸和平。國立空中大學公共行政系主任李允傑表示，政治認同是目前兩岸最困難也最關鍵的一部分，雙方都要看清障礙盲點，才能讓兩岸關係有所突破，「臺灣對中國的認同之所以耗弱與掏空，這與中共採取去中華民國化有很深的關聯！」

李允傑指出，中華民國是兩岸人民認同一中的「連結臍帶」，通過《中華民國憲法》與歷史記憶，臺灣人民才能夠將臺灣認同連結到中華民族認同，也才能與中國認同形成一種包容交集狀態，而非互斥對立的現況。

李允傑說，國民黨總統參選人洪秀柱在初選提出兩岸簽署和平協議及「一中同表」主張，民調下滑，對於一中同表說法前後反覆，嚇跑淺藍與中間選民。相較之下，民進黨總統參選人蔡英文在兩岸政策打的是貼近國民黨、向中間靠攏的安全牌；洪秀柱卻高舉深藍大旗，旗幟鮮明的主張一中同表與簽署兩岸和平協議。

「在臺灣社會內部沒有共識，民眾心理尚未準備好的情況之下，洪秀柱拋出一中同表的主張，把自己逼到統獨光譜的極右端，對其選情顯然是扣分！」李允傑認為，臺灣不必迴避兩岸民間政治對話，但應該讓對話回歸民間本質，對話的主體應從國共二黨擴大到臺灣其他的政黨、智庫以及民間社團。如此，中國大陸才能聽到臺灣社會多元和真實的聲音，也讓兩岸民間政治對話具有務實性與全面性，為兩岸未來政治談判提供更多元而豐富的思考。

李允傑建議，二〇一六年總統大選後至新任總統就職前，可召集各黨、智庫召開國是會議，共同商討未來兩岸發展方向。

5.2 陸方要傾聽臺灣民眾心聲

北京對臺工作有結構性盲點。舉例而言，中國大陸近年非常重視兩岸青年交流工作，辦了非常多的青年論壇及旅遊活動，包括青年創業園區向臺灣青年招手等等。兩岸青年創業、教育、文化的交流固然重要，但還有更重要的因素影響臺灣青年面對中國大陸的態度。

正視對臺工作盲點

太陽花學運反對兩岸經濟一體化，要求兩岸協議的監督與透明化，對兩岸關係帶來極大的衝擊。臺灣青年恐中意識，是造成二〇一四年九合一選舉國民黨大敗的一個重要因素。處於悶時代的年輕人，面臨低薪、失業與高房價，他們害怕陸資、陸勞大舉入臺，充滿了高度焦慮及恐懼。透過傳播擴散，形成虛擬的恐懼浪潮，掩蓋了真相與理性討論的空間。

若單從經濟面來看，財團和大企業往往是兩岸經貿往來的最大贏家，一般臺灣基層民眾很少能從中獲益，使得他們對中國大陸的讓利普遍無感。因此，通過高層互動達成的經濟讓利來促進整合的方式，遇到了瓶頸。中國大陸政府需要更加具體地意識到對臺工作的盲點，並在今後制定政策時引以為鑑，畢竟兩岸關係的和平、穩定乃至共同繁榮，都需要中國大陸政府傾聽臺灣民眾的聲音。

親民黨主席宋楚瑜在二〇一四年「宋習會」上提出「四個體諒」；中共總書記習近平回應「四個不變」與「三中一青」，在臺灣輿論獲得廣大迴響。值得注意的是，習近平在談話中強調「經濟融合有利兩岸互利雙贏」。二〇一四年四月在博鰲會議上，李克強也提及「促進經濟融合，有利於為臺灣參與區域經濟合作創造更好的條件」。

中共領導人的說法，從過去的經濟合作轉為「經濟融合」，但這恰恰是太陽花學運所疑慮的「兩岸經濟一體化」。太陽花學運的青年，部分是反對《服貿》黑箱程序、部分是反對兩岸經濟一體化。反對經濟一體化的原因，不是經濟層面，而是政治社會心理因素。一方面，《服貿協議》會帶來兩岸的人員流動，令臺灣年輕人擔心未來生活周遭充滿陸幹、陸勞；另一方面，是害怕臺灣經濟過於依賴中國大陸，導致在政治上逐漸受中國大陸控制。

有學者稱臺灣一九七〇年後出生的年輕人是「網路原住民」，從小就習慣生活在網路世界，臺灣青年對於網路管制的中國大陸，在先天上難有好感。

太陽花學運反《服貿》，除了經濟因素，更重要的是政治疑慮：他們擔心兩岸經濟一體化後，臺灣會成為下一個香港。享有言論自由的臺灣青年，最擔心的是，經濟依賴將構成網路與思想言論的干涉。兩岸青年越交流，臺灣青年越拒統，問題的核心在於中國網路管制與臺灣的國際空間。尤其香港占中運動的發展，更讓臺灣青年恐中情結加深。

兩岸交流開放至今，根據《旺報》二〇一三年八月一份民調顯示，臺灣民眾對中國大陸的瞭解依然不足，雖然逾六成民眾認為中國大陸對臺灣很重要，但七成左右表示不瞭解中國大陸；超過六成民眾對中國大陸沒有好感，有七成民眾希望嚴格限制中國大陸錢潮、人潮入臺。顯見臺灣民眾對於中國大陸的潛在威脅仍存在著深沉的恐懼感。

對中國大陸瞭解存疑慮

兩岸交往，中國大陸強調民族大義，常說兩岸是一家人；但臺灣人民更在乎民生與民權。臺灣人民歡迎兩岸經濟合作；但有過半的臺灣人民希望政治上維持現狀，保持距離，因為對中國大陸政治體制仍有疑慮。

5.3 兩岸關係發展應與時俱進

隨著五二〇逼近，北京對「九二共識」的表態施壓，相對於臺灣新執政團隊的冷處理，似顯示雙方分歧難以妥協。如今，兩岸關係又站在歷史的十字路口，兩岸關係何去何從，全世界屏息以待。

九二共識在兩岸之間，本質就是「一個共識，各自表述」。對北京而言，九二共識是兩岸對一個中國的共識；對臺北而言，九二共識是「一個中國，各自表述」，形同各說各話。北京要的是「一中」象徵意義；臺北要的是「各表」的空間，彼此都滿足對內交代的政治需要，兩岸才能擱置主權爭議，進行協商互動。從實質內涵而言，一九九二年兩岸真正達成的共識點是「擱置爭議、求同存異」。

海基會前董事長辜振甫的回憶錄《勁寒梅香》書中指出，用「九二諒解」比較恰當。因為雙方對「一個中國」的原則有共識，但對「一個中國」的內涵沒有共識。

如今兩岸關係又面臨新的歷史關鍵時刻，中國大陸基於對臺灣新政府的不信任，把堅持「九二共識」視為維繫兩岸關係的共同政治基礎。

北京也清楚，在臺灣新民意氛圍下，要蔡英文接受「九二共識」的難度很高，因此釋放訊息表示只要新執政團隊能說明兩岸關係性質，確認兩岸不是國與國的關係，即使不用「九二共識」名稱，或者以《中華民國憲法》來表述，中國大陸雖不滿意但也能接受。

對蔡英文而言，二〇一五年出訪美國提出的「中華民國憲政體制說」，就已對北京釋放善意，隨後蔡英文接受國內平面媒體專訪又重申一次。

憲政體制說的第一個善意是憲法增修條文。增修條文將國家分為自由地區與中國大陸地區，前言還有「國家統一前」的文字，是不折不扣的一中憲法。

第二個善意是憲政釋文。具體例子是大法官釋字三二九號，該號解釋聲請背景關於辜汪四項協議於簽署後是否需要送立法院審議的爭議。解釋文明確將「條約」定義為我國與其他國家或國際組織締結的書面協定；至於兩岸協議並非國際書面協定。這個釋字明確化兩岸關係不是國與國關係。兩岸當局若能重新回顧當年辜汪會談歷史，延續辜汪會談展現的「妥協與善意」，關照對方所關切的核心利益，或能為兩岸再闢新章。

對蔡英文政府而言，遵守《中華民國憲法》是化解僵局的出路。五二〇就職演說的關鍵論述「我將在中華民國現行憲政體制下，依循憲法與普遍民意，持續推動兩岸關係的和平穩定發展」，加入憲法二字，絕對有穩定兩岸的積極作用。

對北京而言，臺灣政黨輪替已成新常態，中國大陸的兩岸戰略思考，是要鼓勵民進黨中間務實路線的抬頭？還是要死守九二共識四個字，步步進逼，冒著把蔡英文推向深綠、兩岸關係倒退崩解的風險？在兩岸關係的關鍵歷史節點，北京應有與時俱進的思維。

5.4 兩岸和平協議之命運

壹、兩岸和平協議：美麗願景？還是票房毒藥？

兩岸和平協議在臺灣，從二〇一二到二〇一六年的總統大選總是引起討論與爭議。二〇一二年馬前總統曾經提出簽署兩岸和平協議的主張，綠營指為賣臺、邁向統一；在大選民調受到衝擊後，馬立刻改口提出說明洽簽兩岸和平協議三個前提：一是民意高度支持、二是國家需要、三是國會監督，而如果公投沒過，就不會簽署和平協議。

洪秀柱在初選提出兩岸簽署和平協議以及「一中同表」主張，民調下滑，對於一中同表說法，說不清楚，前後反覆（中華民國不存在說），嚇跑淺藍與中間選民。在二〇一五年七月份的臺灣指標民調、兩岸政策協會與新臺灣國策智庫所發布的三份民調報告，洪秀柱在三組候選人（蔡英文、宋楚瑜、洪秀柱）中的支持度都是敬陪末座。

其後，洪秀柱在七一九國民黨全代會參選演說中的兩岸論述，回到九二共識，不再提一中同表與兩岸和平協議。相較於上次總統大選，這次兩岸和平協議的話題在政黨提名前就此打住，命運多舛。

民進黨總統候選人蔡英文在美提出「維持兩岸現狀」說，論述主要有兩部分：一、確認將在「中華民國現行憲政體制下推動兩岸關係」；二、將在「二十多年來協商和交流互動所累積的成果」的「堅實基礎上」推動兩岸關係和平穩定發展。

國民黨主張的「九二共識、一中各表」，是根據《中華民國憲法》。而依第四條精神，我國領土固有之疆域，涵蓋中國大陸與臺灣；在增修條文中指出為「因應國家統一前之需要」，所以蔡英文的憲政體制說，等於概括承受中華民國歷史記憶（國共內戰）與九二共識。

蔡英文在兩岸政策打的是貼近國民黨、向中間靠攏的安全牌；洪秀柱卻高舉深藍大旗，旗幟鮮明的主張一中同表與簽署兩岸和平協議。在臺灣社會內部沒有共識，民眾心理尚未準備好的情況之下，洪秀柱拋出一中同表的主張，把自己逼到統獨光譜的極右端，對其選情顯然是大大的扣分！

兩岸和平協議，對臺灣而言，究竟是美麗的夢想願景，還是政治人物聞之色變的票房毒藥？

二〇一二年九月，中共十八大政治報告的涉臺部分：「希望（兩岸）雙方共同努力，探討國家尚未統一特殊情況下的兩岸政治關係，做出合情合理的安排；商談建立兩岸軍事安全互信機制，穩定臺海局勢；協商達成兩岸和平協議，開創兩岸關係和平發展新前景。」又稱：「中國大陸和臺灣雖然尚未統一，但兩岸同屬一個中國的事實從未改變。」

北京當局提出中華民族偉大復興的中國夢，希望兩岸的和平發展走向終極統一，共圓中國夢。從二〇〇八年兩岸恢復兩會協商，北京的對臺工作積極而綿密。從經濟的讓利、社會文化擴大交流、加強推動三中一青工作，可以說中國大陸對臺工作相當積極用心。

然而兩岸越交流合作，臺灣人民支持統一的民意不增反減。兩岸經濟實力差距急速拉大，國家認同與統獨目標卻反差擴大。一九九二年，中國大陸GDP是臺灣的二點二倍，二〇一四年已經擴大到十九點二倍。相對的，臺灣人認同指數（臺灣人認同減中國人認同）從一九九二年的負百分之七點九增加到二〇一四年的百分之五十七點一；臺灣人「拒統指數」（臺灣人民堅定拒絕統一的比例）從一九九四年的百分之二十點九，增加到二〇一四年的百分之四十九點一，都是歷史新高。

北京的對臺政策之所以「事與願違」，是因為沒有對症下藥，沒有抓住臺灣民心，對臺工作出現了矛盾與盲點！兩岸同胞的心靈契合，有助於兩岸和平協議的開啟，本文提出三帖藥方，供兩岸關心和平發展的有識之士參考指正。

貳、正視「中華民國」有利於推動兩岸政治談判

第一個沒有對症下藥的矛盾是，正視「中華民國」有利於推動兩岸政治談判，但北京的實際作為卻背道而馳！

二〇一三年六月十三日，習近平接見國民黨榮譽主席吳伯雄時說：「我們追求的統一，不僅是形式上的統一，更重要的是兩岸同胞的心靈契合，我們有耐心等待。」此後，習近平多次提及「心

靈契合」，陸方涉臺評論也經常引用。二〇一五年五月四日，習近平接見國民黨主席朱立倫時說：「探討建構維護兩岸關係和平發展的制度框架。」這是他首度提出「制度框架」。以「合情合理」做為兩岸政治關係的準據，是胡錦濤政府十年間的創造與發展；習近平政府的「心靈契合」與「制度框架」，則可謂為「合情合理」增添了內涵，並指出了路徑。

二〇一二年三月，胡錦濤總書記會見國民黨榮譽主席吳伯雄。胡錦濤說：「確認（中國大陸和臺灣同屬一個中國）這一事實，符合兩岸現行規定，應是雙方都可以做到的。」吳伯雄則說：「根據雙方現行體制和相關規定，兩岸都堅持一個中國。」這顯然是以《中華民國憲法》與《中華人民共和國憲法》來確立「一中架構」。但憲法就叫憲法，何必隱諱改稱「現行規定」？

又要一中憲法，又不肯叫憲法，反映兩岸關係現狀下《中華民國憲法》的困境。雙方援引「現行規定」，是因若要維持「一中架構」，反對「法理臺獨」，必須立足在中華民國的「憲法法理」之上。北京清楚，無《中華民國憲法》，即不能維繫中華民國；但又要臺灣護守《中華民國憲法》，卻只肯稱其為「現行規定」。這是否合情合理？

北京過去一貫主張「中華民國在一九四九年已經消失了」，使中華民國政府在國際空間失去自尊繼而喪失自信，失去了對中國的認同感、民族責任心與「我群感」，進而失去了給臺灣人民一個維繫「中國認同」的合情合理之基礎。

北京的「去中華民國化」，在臺灣的效應就是「去中國化」，臺灣人民的「中國認同」亦日趨淡漠疏離。在「兩岸尚未統一」的情態中，北京若欲臺灣人民「以維持中華民國，來維持中國連結」，則中華民國自應在「一中框架」中有合情合理的地位。否則，當臺灣人民不能經由中華民國來維持其中國認同的「心靈」，「契合」即是緣木求魚。

臺灣的「中華民國意識」之耗弱與淘空，與中共的「去中華民國化」有必然關聯。事實上，中華民國是兩岸人民認同一中的連結臍帶，通過《中華民國憲法》與歷史記憶，臺灣人民才能夠將臺灣認同連結到中華民族認同，也才能與中國認同形成一種包容交集狀態，而非互斥對立的現況。

從辯證法與漸進主義（incrementalism）的觀點來看，北京若能接受「階段性兩個中國」，畢竟同是中國，終將合在一起；若反對「兩個中國」，導致中華民國去中國化，臺灣人民的中國認同逐漸淡化消失，被臺灣認同所取代，反不利於兩岸統合。

參、推動兩岸和平協議，需要藍綠對話和解

多年來臺灣方面多次呼籲中國大陸要正視中華民國的存在，北京始終「有討論，沒結論」。北京顧慮的是一旦承認中華民國，兩個中國將會永固定型化，兩岸統一將遙遙無期。因此，北京主張通過政治談判，來解決兩岸在尚未統一的情況下的政治關係安排。北京領導人多次提出兩岸政治談判，什麼都可以談。

然而，第二個矛盾是，若要有利於推動政治談判、簽署和平協議，北京應該鼓勵藍綠對話和解。中國大陸多次呼籲兩岸簽署和平協議，但臺灣內部沒有共識、互扯後腿，和平協議就不可能有簽署的一天。只要臺灣藍綠對立激化，缺乏對話溝通的平台，和平協議在臺灣就只能成為政治動員的口號，不可能落實為臺灣朝野推動的共識。從兩岸和平發展大局的戰略高度與可操作性來看，中國大陸應該要鼓勵藍綠對話和解，而非將民進黨視為敵我矛盾的對象，執行「拉藍打綠」的策略。

這就涉及到一個重大問題：如果民進黨在二〇一六年重返執政，北京該如何解讀大選結果？北京可以視民進黨勝選為對臺政策重大挫敗，採取一連串凍結抵制的作為（例如使臺灣出現雪崩式斷交），把蔡英文往中間調整的立場，推回激進獨派的懷抱，刺激臺灣民族主義對抗中國民族主義，兩岸自二〇〇八年以來的和平發展局面將倒退二十年。

另一個選擇是，北京把蔡英文選前主張維持中華民國憲政體制現狀，視為北京對臺工作重大勝利。一個原本主張臺獨的政黨，調整為接受中華民國法統的政黨，實質意義上就是「不獨」（不尋求法理臺獨）。

選後北京可以先「聽其言、觀其行」，再決定是否透過良性善意的互動，讓蔡英文不至於退回深綠立場。當然，現階段要求蔡英文說出如國民黨般的「反對臺獨」，那是不現實，也是強人所難。當臺灣的藍綠政黨在中華民國的憲政基礎上有共識，兩岸和平協議開展的可行性就大大的提升。

在二〇〇〇年五月的就職演說，前總統陳水扁提議以「民主原則」處理兩岸的問題：「兩岸應該秉持民主對等的原則，在既有的基礎之上，以善意營造合作的條件，共同處理未來『一個中國』的問題。」

在二〇〇四年五月的就職演說，陳水扁再次闡述：「臺灣是一個完全自由民主的社會，沒有任何個人或政黨可以代替人民做出最後的選擇。如果兩岸之間能夠本於善意，共同營造一個『和平發展、自由選擇』的環境，未來中華民國與中華人民共和國或者臺灣與中國之間，將發展任何形式的關係，只要兩千三百萬臺灣人民同意，我們都不排除。」

蔡英文兩岸政策向務實面移動，貼近馬前總統「九二共識、一中各表」和「互不承認主權、互不否認治權」的主張。馬前總統曾宣示若有兩岸和平協議，必以公投行之，否則現狀就是「不統不獨」。蔡英文的維持憲政體制現狀說，加上她過去多次強調未來兩岸政治關係的選擇，將尊重臺灣人民的意志，這個說法在實質上幾乎等同於馬前總統的主張。

換句話說，臺灣藍綠政黨都主張，兩岸關係的未來發展是開放性的，只要得到臺灣人民同意，臺灣可以接受任何形式的兩岸新政治關係。北京希望兩岸實現統一，應該以文明價值說服臺灣人民，過程必須是民主與和平的方式，結果應是兩岸雙贏與共榮。兩岸政府必須以人民幸福為出發點，來務實思考與解決兩岸問題。

在臺灣內部沒有共識，兩岸缺乏互信的情況下，兩岸政治談判無法啟動，根本無法簽署和平協議，建構兩岸和平發展制度性框架。兩岸關係發展需要雙方以同理心和耐心來呵護，我建議兩岸應該建立紅藍綠橘對話的多元渠道與民間平台，從中尋求創意、擴大交集，凝聚共識，為和平協議鋪奠基礎工程。

肆、從太陽花學運反思青年工作

第三個矛盾是，北京對臺工作的結構性盲點。舉例而言，中國大陸近年非常重視兩岸青年交流工作，辦了非常多的青年論壇及旅遊活動，包括青年創業園區向臺灣青年招手等等。兩岸青年創業、教育、文化的交流固然重要，但還有更重要的因素影響臺灣青年面對中國的態度。

太陽花學運反對兩岸經濟一體化，要求兩岸協議的監督與透明化，對兩岸關係帶來極大的衝擊。臺灣青年恐中意識，是造成二〇一四年九合一選舉國民黨大敗的一個重要因素。我們可以理解，處於悶時代的年輕人，面臨低薪、失業與高房價，他們害怕陸資、陸勞大舉入臺，充滿了高度焦慮及恐懼感。這種恐懼感透過傳播擴散，形成虛擬的恐懼浪潮，掩蓋了真相與理性討論的空間。

面對太陽花學運激烈的民意反彈，中國大陸政府可能是最感到莫名其妙的一方。《服貿協議》本是中國大陸送給臺灣的一份大禮，何以落得這般田地？

若單從經濟面來看，財團和大企業往往是兩岸經貿往來的最大贏家，一般臺灣基層民眾很少能從中獲益，使得他們對中國大陸的讓利普遍無感。因此，通過高層互動達成的經濟讓利來促進整合的方式，遇到了瓶頸。這次由臺灣青年掀起的軒然大波，是否將使中國大陸政府更加具體地意識到對臺工作的盲點，並在今後制定政策時引以為鑑？畢竟兩岸關係的和平、穩定乃至共同繁榮，都需要中國大陸政府傾聽臺灣民眾的聲音。

親民黨主席宋楚瑜在「宋習會」上提出「四個體諒」；中共總書記習近平回應「四個不變」與「三中一青」，在臺灣輿論獲得廣大迴響。值得注意的是，習近平在談話中強調「經濟融合有利兩岸互利雙贏」。二〇一四年四月十日在博鰲蕭李會，李克強也提及「促進經濟融合，有利於為臺灣參與區域經濟合作創造更好的條件」。

中共領導人的說法，從過去的經濟合作轉為「經濟融合」，但這恰恰是太陽花學運所疑慮的「兩岸經濟一體化」。太陽花學運的青年，部分是反對《服貿》黑箱程序；有部分是反對兩岸經濟一體化。反對經濟一體化的原因，不是經濟層面，而是政治社會心理因素。一方面，《服貿協議》會帶來兩岸的人員流動，令臺灣年輕人擔心未來生活周遭充滿陸幹、陸勞；另一方面，是害怕臺灣經濟過於依賴中國大陸，導致在政治上逐漸受中國大陸控制。

有學者稱臺灣一九七〇年後出生的年輕人是「網路原住民」，從小就習慣生活在網路世界，網路就是他們的陽光與空氣。臺灣青年對於網路管制的中國大陸，在先天上難有好感。

太陽花學運反《服貿》，除了經濟因素，更重要的是政治疑慮：他們擔心兩岸經濟一體化後，臺灣會成為下一個香港。享有言論自由的臺灣青年，最擔心的是，經濟依賴將構成網路與思想言論的干涉。兩岸青年越交流，臺灣青年越拒統，問題的核心在於中國網路管制與臺灣的國際空間。尤其香港占中運動的發展，更讓臺灣青年恐中情結加深。

兩岸交流開放九年多來，根據《旺報》二〇一三年八月間所做的一份民調顯示，臺灣民眾對中國大陸的瞭解依然不足，雖然逾六成民眾認為中國大陸對臺灣很重要，但七成左右表示不瞭解中國大陸；超過六成民眾對中國大陸沒有好感，有七成民眾希望嚴格限制中國大陸錢潮、人潮入臺。顯見臺灣民眾對於中國大陸的潛在威脅仍存在著深沉的恐懼感。

兩岸交往，中國大陸強調民族大義，常說兩岸是一家人；但臺灣人民更在乎的是民生與民權。臺灣人民歡迎兩岸經濟合作；但有過半的臺灣人民希望政治上維持現狀，保持距離，因為對中國大陸政治體制仍有疑慮。

兩岸在經濟上有共同利益基礎，但政治與社會價值仍存在巨大的鴻溝，這是進入政治談判關鍵障礙。兩岸關係的發展應該從線性思考，轉為非線性思考：亦即藉由中華民族這個大框架，讓兩岸社會深入交流與相互理解，逐步縮小兩岸「民主治理」的落差，建立兩岸和平發展的「精神基礎」，也就是習近平強調的「心靈契合」。

伍、打開兩岸和平協議的命運之鑰

過去數十年來，許多人奔走兩岸，都想要為兩岸政治難題尋求答案，推動政治談判，但終究是空中樓閣，徒勞無功。最主要的關鍵是缺少打開政治僵局的兩把鑰匙：「正視中華民國」與「拉近兩岸的政治社會差距」。

中國大陸政協主席俞正聲日前接受媒體專訪時說：「民心到，事情就成；民心不到，急著做某些事，就適得其反。」確實如此，兩岸政府進行政治談判的東風，就在民心，特別是臺灣的民心。他說：合情合理安排兩岸在國家尚未統一前的政治關係，是一個「進行式」。這是一個「實踐的過程」，需要不斷探索商討，沒有現成的模式，需要兩岸民眾能夠接受，取決於兩岸雙方相向而行共同努力。

根據臺灣競爭力論壇二〇一六年所發布的國族認同民調結果顯示，在民族認同上，臺灣民眾對兩岸的血緣歷史、語言文化、民俗宗教有高度認同；但在國家（state）認同上，臺灣社會最大公約數是中華民國。另一方面，臺灣民眾對兩岸關係的認知是相當理性務實，未被中國大陸經濟的崛起所迷惑；認為兩岸最大分歧是「社會生活與價值觀」、「意識形態與制度」。兩者都涉及兩岸現實政治制度的歧異。

兩岸政治社會差距的拉近，涉及民主治理與政治改革。但中國大陸人口眾多，區域差異性大，北京強調絕不會照抄照搬西方的制度，堅持中國特色的社會主義發展道路。兩岸社會在人權民主的差距，絕不是五年、十年就可以拉近的，兩岸需要的是時間與同理心。如果有一天，這個社會差距縮小，兩岸的制度與價值觀相近且相通，意識形態與制度也不再對立矛盾，再談統合或統一，就不會是無解僵局。

鞏固深化兩岸關係和平發展的方法，是從兩岸的政治、經濟、文化、社會基礎四個方向。目前經濟認同是最容易著力的一個方面；中華文化的認同也是強化兩岸和平發展的精神基礎和價值紐帶；社會認同方面，兩岸應建立更多、更緊密的姐妹市，以便建構兩岸地方政府之間，定期、長期、有效的交往與合作，進行地方發展的策略聯盟，更進一步有效的整合兩岸地方的精英和人民，強化兩岸民眾的社會認同。

政治認同是當前兩岸認同中最困難、也最關鍵的一部分，我們必須看清當前兩岸關係政策作為的障礙盲點，障礙盲點不消除，就很難期待兩岸關係的突破與提升。

臺灣不必迴避兩岸民間政治對話，但應該讓對話回歸民間本質，對話的主體應從國共二黨擴大到臺灣其他的政黨、智庫以及民間社團。如此，才能讓中國大陸聽到臺灣社會多元和真實的聲音；另一方面可以讓兩岸的民間政治對話具有務實性與全面性，為兩岸未來政治談判提供更多元而豐富的思考。

兩岸需要的是時間與同理心，以拉近彼此的社會差距。如果有一天，這個社會差距不再，兩岸的生活與價值觀相近且相融，意識形態與制度也不再有衝突，再談統獨，就不會是難事。反之，社會生活仍有距離，而價值觀與生活方式還有很大差距的時候，貿然談兩岸要如何統一，誰來治理誰，都會是一種悲劇。

毛澤東在〈沁園春．雪〉中寫道「江山如此多嬌，引無數英雄盡折腰」。習近平在「吳習會」中表示，「（兩岸）形式的統一，更需要心靈的契合」，說得一點不錯。從大歷史來看，兩岸關係和平發展的關鍵，不在江山（主權），而在民心！

兩岸和平協議之命運，客觀上受到兩岸三黨（紅、藍、綠）小三角與中美臺大三角關係的制約，但能開啟和平協議的關鍵鑰匙，仍取決於兩岸人民心靈的契合度！

5.5 兩岸關係發展　關鍵在民心

國民黨榮譽主席吳伯雄與中共中央總書記習近平的「吳習會」中，首提「一個中國架構」，為兩岸進入政治對話階段鋪路，同時也啟動兩岸會談「由經轉政」的序曲，未來兩岸的協商將進入「經中有政」、「政經兼具」的階段。

近來中共對臺領導小組副組長俞正聲、海協會長陳德銘、國臺辦主任張志軍異口同聲說「兩岸終要務實探討政治難題的解決之道，要推進兩岸民間政治對話」。顯示習李體制的對臺方針，兩岸政治對話是北京著力推進的重點。

我方的立場是不急於進入兩岸政治對話，希望藉由堆積木策略，逐一架構兩岸關係。馬前總統多次強調，兩岸關係「先急後緩、先易後難、先經後政」；但以兩岸互設辦事機構為例，就碰到了「經中有政」、「政經兼具」的問題，未來兩岸協商將不可避免牽涉低階政治，甚至是高階政治的議題。

隨著兩岸經貿關係制度化與正常化，兩岸關係逐漸進入深水區。中共涉臺人士已絕口不提「先經後政」，大力鼓吹兩岸政黨與智庫學者進行政治對話。中國大陸智庫都具有官方背景；臺灣的智庫學者藍綠皆有，且缺乏內部共識。對北京而言，兩岸民間政治對話的主要目標，是在馬前總統的第二任期開啟國共兩黨的政治對話，為兩岸政府的政治談判鋪路。

事實上，兩岸民間政治對話早已進行多時。過去數十年來，許多人奔走兩岸，都想要為兩岸政治難題尋求答案，推動政治談判，但終究是空中樓閣，徒勞無功。最主要的關鍵是缺少打開政治僵局的兩把鑰匙：「拉近兩岸的政治社會差距」與「面對中華民國存在的現實」。

中國大陸政協主席俞正聲日前接受媒體專訪時說：「民心到，事情就成；民心不到，急著做某些事，就適得其反。」確實如此，兩岸政府進行政治談判的東風，就在民心，特別是臺灣的民心。

根據臺灣競爭力論壇二〇一六年所發布的國族認同民調結果顯示，在民族認同上，臺灣民眾對兩岸的血緣歷史、語言文化、民俗宗教有高度認同；但在國家（state）認同上，臺灣社會最大公約數是中華民國。

另一方面，臺灣民眾對兩岸關係的認知是相當理性務實，未被中國大陸經濟的崛起所迷惑；認為兩岸最大分歧是「社會生活與價值觀」、「意識形態與制度」。兩者都涉及兩岸現實政治制度的歧異。

此種認知，隨著兩岸交流更密切而有更深刻體會。臺灣人喜歡上網瀏覽新聞或感興趣的話題，但一到了中國大陸不能上臉書、不能看臺灣新聞網站，只能透過翻牆；山東維權人士陳光誠的訴求在臺灣人眼中是稀鬆平常，但他卻被迫自我放逐國外……。

兩岸政治社會差距的拉近，涉及民主治理與政治改革。但中國大陸人口眾多，區域差異性大，北京強調絕不會照抄照搬西方的制度，堅持中國特色的社會主義發展道路。兩岸社會在人權民主的差距，絕不是五年、十年就可以拉近的，兩岸需要的是時間與耐心。如果有一天，這個社會差距縮小，兩岸的制度與價值觀相近且相通，意識形態與制度也不再對立矛盾，再談統合或統一，就不會是無解僵局。

臺灣不必迴避兩岸民間政治對話，但應該讓對話回歸民間本質，對話的主體應從國共二黨擴大到臺灣其他的政黨、智庫以及民間社團。如此，才能讓中共聽到臺灣社會多元和真實的聲音，一方面可以緩解國民黨單獨面對政治對話的壓力；另一方面可以讓兩岸的民間政治對話具有務實性與全面性，為兩岸未來政治談判提供更多元而豐富的思考。

毛澤東在〈沁園春・雪〉中寫道「江山如此多嬌，引無數英雄盡折腰」。習近平在「吳習會」中表示，「（兩岸）形式的統一，更需要心靈的契合」，說得一點不錯。從大歷史格局來看，兩岸關係和平發展的關鍵，不在江山（主權），而在民心！

5.6 兩岸《服貿協議》的指標意義

現階段發展兩岸經貿關係，最迫切的工作莫過於完成ＥＣＦＡ後續協商，而即將簽署的《服貿協議》，是ＥＣＦＡ後續協商的關鍵指標。推動兩岸產業合作除了在製造業生產、行銷領域外，在批發零售、連鎖經營、物流、通訊、醫療、金融等服務業領域，其實合作的空間更大。

在服務業方面，對於臺灣來說，服務業已占ＧＤＰ七成，在經營實務及內涵精緻化方面有不錯的成績與表現，但受限於內需市場的規模，服務業的科技化與國際化成為未來的發展主軸。對中國大陸而言，服務業目前僅占ＧＤＰ百分之四十三，未來還有很大的發展空間。如何加速從以工業為主轉型至以服務業為主的經濟結構，兩岸服務業有很大的發展及合作的空間。

尤其在兩岸金融服務業的合作方面，從二〇一二年到二〇一三年三月，迭有突破性的進展。中國大陸交通銀行和中國銀行先後在臺灣設立分行並參與臺灣多項銀行聯貸案；而在中國大陸設辦事處的臺資銀行，已有十家升格分行開始營業，其中六家並獲陸方核准開辦或籌辦中國大陸臺資企業人民幣業務；臺資金融機構與中國大陸同業策略聯盟或參股的案例愈來愈多。其次，二〇一二年十二月中旬正式建立了兩岸貨幣清算機制。今後兩岸貨幣可用於商品、服務和投資等經貿活動的結算與支付，兩岸金融機構可互開相應幣種代理帳戶辦理多種形式結算業務。

過去兩岸實體經濟關係非常密切，但是金融關係卻相對疏遠許多；如今兩岸金融業已實現相互投資並放寬參股限制，同時又建立了貨幣清算機制，金融關係可說是邁入新的里程碑。今後兩岸貨幣可以直接兌換，不必經過第三種貨幣結算，不但能夠節省民眾和企業在匯款、貿易和投資等方面的匯兌手續費，更能夠降低匯兌風險，為兩岸經貿往來提供便利。

兩岸貨幣直接結算所帶來的利多，對於兩岸雙邊貿易進一步擴張，以及兩岸經濟合作之深化具有重大意義。對中國大陸而言，臺灣是第三大進口來源地，以臺灣海島型經濟體、國際經濟聯繫特別緊密的特性，兩岸貨幣直接結算必然有助於人民幣國際化發展；對臺灣而言，中國大陸是臺灣最重要的經貿伙伴，第一大出口市場，廠商的海外投資有六成以上集中在中國大陸，有如此緊密的經貿關係做為基礎，臺灣想發展人民幣離岸中心的夢想，兩岸貨幣直接兌換無疑是一項大利多。

面臨全球經濟遲緩及激烈市場競爭的壓力，兩岸未來可以透過雙方的優點，攜手共同開拓市場。這除了可以協助產業升級與轉型外，兩岸服務業的合作也可在全球市場上扮演更重要的角色。推動兩岸服務業合作，政策的引導和支援很重要，但更重要的是合作雙方企業之間的互信基礎，因此，對於企業界關心的智財權保護、合作與競爭關係等議題，應嚴肅面對並妥善處理。

兩岸在既有分工價值鏈體系下，彼此的供應鏈上的互補合作關係，在部分行業有競爭加劇的趨勢，主要還是兩岸未能掌握產業價值鏈兩端的關鍵技術及市場。二〇〇八年金融海嘯後新興市場的出現，在新興產業及現代服務業等領域上，提供兩岸可以有更創新性的合作關係，希望經由產業鏈分工互補的合作努力，防止在部分行業過度競爭，促成兩岸產業雙贏，並為進軍全球市場奠定厚實基礎。

因此，兩岸應合作促進雙方產業結構優質化，運用中國大陸市場優勢，結合臺灣創新研發能量與靈活彈性的經管動能，創造互補雙贏的競爭優勢，共同開拓亞太及全球市場商機。期望透過《海峽兩岸服務貿易協議》的簽署，與兩岸服務業的擴大合作，能夠創造更多的就業機會，共同提升兩岸人民的生活水準。

5.7 兩岸青年創業之比較與交流合作機遇

阿里巴巴創辦人馬雲拋出捐款百億，擬成立創業基金協助臺灣年輕人創業。前行政院長毛治國於二〇一五年三月十日在立院答詢時表示，馬雲願意提供一百億臺幣的青年創業基金，證明臺灣是發掘創意人才的地方，但「錢不是創業過程中唯一重要的因素」，他強調政府做的比馬雲更多，盼創業青年能選擇政府、留在臺灣。

從馬雲創業平台談起

立委蔣乃辛引用《行政院「青年創業專案」績效表》指出，所有部會三年的核貸金額僅九十億，用於青年創業的只有十五億，其他績效更是紛紛掛「零」，如何留住臺灣人才？毛院長強調政府做的比馬雲多，政院雖對馬雲的做法抱持開放態度，但臺灣並不缺乏相關資源，而且通盤創造的環境條件會更完整；就算僅針對錢的部分討論，以「創新創業政策會報」（創創會報）中的創業拔萃方案為例，國內外募集的資金就超過一百億。

立委廖正井則質疑，哪個市場大，年輕人就往哪裡走。馬雲的平台可深入中國大陸、亞洲，對年輕人吸引力很大，政府必須評估風險。毛院長回應，資金在臺灣相對其他方面，並不是創業最主要的問題，還有很多環節，臺灣有其優勢，政府要把優勢發揮出來。

立委的質詢意見與毛院長的答覆都沒錯，兩岸青年創業各有擅長，兩岸青年創業氛圍有極大差異。中國大陸年輕人敢於投入創業，中國大陸的市場大、資金雄厚，各地方政府創業措施因地而異；而臺灣青年則是具有豐富的創意與軟實力，堅持夢想，有永續經營的理念，政府提供的創業配套措施也相對完備。

臺灣創新創業的趨勢觀察

根據「全球創業觀察」（Global Entrepreneurship Monitor, GEM）二〇一四年最新報告指出，臺灣民眾想創業的比例為百分之二十七，是國際平均百分之十的兩倍多，臺灣十八至三十四歲有創業意願的民眾更高達百分之四十九點八，創業意圖在創新驅動經濟體中排名第二，高於日本、韓國及中國大陸。

此外，「全球創業精神暨發展指數」（Global Entrepreneurship and Development Index, GEDI）自二〇一一年開始進行全球創業發展評比，透過各種指標及問卷訪查，評析各國中小企業、微型企業狀況。GEDI指數包含創業態度、創業企圖心以及創業能力（entrepreneurial attitudes, aspirations and activity）三大面向。二〇一五年臺灣在一百三十個受評國家中排名第八，位居亞洲之首，連續四年排名全球前十大，顯示我國對創業的高接受度與開放性，同時也反應臺灣是一個對創新產業熱忱友善的國家。

臺灣青年創業發展與配套措施

平心而論，政府投注在青年創業的資金，或許不如中國大陸雄厚，但臺灣在青年創業貸款及輔導等相關措施，發展較為成熟與完備。以青年創業為例，本人任職行政院青輔會主委期間，與會內同仁透過青創貸款的積極宣導、強化青創組織聯繫，建構創業輔導平台，整合相關資源網絡。

由於政府組織改造緣故，二〇一二年青輔會走入歷史，「青年創業」整併到經濟部，「青年就業」移撥勞動部。面對青年就業與創業的環境挑戰日益嚴峻，政府極需整合跨部會資源，審慎處理全球化時代下青年的切身問題。

在協助青年創業就業方面，仍亟思有所作為。自二〇一四年至二〇一六年推動施實「促進青年就業方案」與「青年創業專案」，整合經濟部、教育部、勞動部、國發會等各機關資源，投入約一百六十七億臺幣，幫助青年創業與就業。為了因應青年使用網路及資料方便取得，強化跨部會合作機制，並建置「青年圓夢網（http://young.ejob.gov.tw/）」單一入口平台，整合各機關單位及連結地方政府資源，提供青年需求的協助與輔導，讓青年有機會實現希望與夢想。

中華民國青創總會與福州市政府等單位合作，辦理首屆海峽兩岸（福州）大學生創業創新大賽，共計吸引中國大陸、臺灣及海外一百七十一所大專院校的七百六十八個學生團隊報名，經過激烈的初賽與決賽評比，選出三十個獎項，最高獎金二十五萬元，而臺灣共有九個團隊榮獲特等獎和一、二、三等獎項，表現相當優異。

團隊負責人林英杰表示，「中國大陸這邊的創業環境，可能慢臺灣一些起步，但在硬體和投入可能已經超越臺灣當地的比賽，中國大陸同學很多觀點勝過來自臺灣的一些同學，我們非常希望找他們來當夥伴。我們的一些技術和經驗也許可以引進，和當地的夥伴、同學與參賽隊伍進行結合，事業更容易有較好的發展」。

青創總會副總會長許登旺長期關注兩岸市場，在出席福州競賽頒獎儀式時指出，兩岸未來創業模式，「不只應鼓勵臺灣的青年到中國大陸創業，也應鼓勵中國大陸的青年到臺灣創業，兩岸青年之間的創業交流，可以從兩岸學生的交流展開」。

創業競賽帶來最寶貴的收穫是可以得到許多在學校課堂中學不到的知識，拓展金錢買不到的珍貴經驗，包含團隊組成、分工合作、開會討論與簡報準備，透過一個從無到有的過程，所有計畫、決策、執行細節都不能一意孤行，更不能信手捻來，必須建立在團隊的資料蒐集、評估、判斷，激盪出創意與共識，不僅能快速訓練邏輯思考、系統分析能力，更能把夢想中的創意與創新完整呈現出來。

兩岸青年創業的交流合作機遇

央視八套曾播出福建本土劇《青春無極限》，內容講述兩岸創業青年的故事。中國大陸青年與臺灣青年創業有所差異，中國大陸青年大多選擇在中國大陸創業而臺灣青年則選擇到中國大陸或海外創業，畢竟臺灣內部市場小，資源比較缺乏。臺灣創業青年在這種大環境下想要成功，就必須走出去開拓市場，這或許是兩岸創業差異之處。

臺灣服務業屬於相對成熟的經濟體，有技術、研發、人才與完善的培訓制度；中國大陸則擁有雄厚資金、廣大市場與人力。臺灣與中國大陸有語言、文化的共通便利性，不僅可提供所需人力，亦可提供培訓的機會，這是臺灣在中國大陸發展服務業的一大優勢。

綜上所述，臺灣應從三方面著手，積極發展「創新型服務業」，抓住兩岸服務業的市場機遇。

一、透過ECFA後續服務業協商，建立兩岸產業長期、制度性合作，以創新思維引導兩岸產業發展。關鍵在於將臺灣和中國大陸產能視為整體一併考量，結合各自利基，如資金、技術創新、品牌建立、人才培育與通路經驗等，共同拓展服務業的全球市場。尤其不少新興服務業如醫療、教育、文創等，在兩岸都有相當大的發展空間，未來將逐漸取代製造業，成為兩岸產業合作的新焦點。

二、服務業的拓展經常涉及文化、語言、法規、制度、風俗習慣與在地化等問題。尤其中國大陸缺乏開放經驗，其內部規定繁瑣，還存有各式各樣的「潛規則」文化。因此，兩岸需從目前防弊轉為興利的思維，配合法規鬆綁、人才移動的鬆綁、國際市場資訊的透明化、補助與租稅優惠、人才的培育、品牌通路布建的協助及上市／櫃的協助與輔導等措施。唯有如此，兩岸服務業才能充分運用合作機會，發揮兩岸產業合作的效益。

三、提高服務業的研發資源及租稅優惠。長期以來，臺灣重製造輕服務，絕大多數產業預算仍落在基礎研究、電子資訊業及代工研發方面，對服務業投入的資源及租稅優惠和其占國內就業、GDP的比重顯不相當。未來應大幅增加服務業創新、研發資源，才可凸顯服務業的重要性與加快服務業升級轉型的步伐。

未來兩岸青年創業的合作，或者臺灣青年到中國大陸創業的機會，主要在服務業。「三一八」學運的爆發，讓政府驚覺與青年世代出現嚴重的思維落差。攸關臺灣區域經濟整合的《海峽兩岸服務貿易協議》與《兩岸協議監督條例》，至今仍停滯在立法院。如何透過開拓兩岸服務業的市場，提升臺灣產業競爭力，創造更多青年創業與就業機會，解決悶世代的經濟壓力，是朝野必須共同思考的問題。

5.8 抓住兩岸服務業合作機遇

兩岸簽署ＥＣＦＡ之後，《服貿協議》是ＥＣＦＡ後續協商的重頭戲。雖然我方希望能在二〇一二年底完成《服貿協議》，但ＥＣＦＡ後續協商已從「讓利」進入「換利」階段，臺灣相對上也須將市場大幅開放給中國大陸業者，不可能冀望中國大陸單方面繼續讓利。儘管難度增加，但《海峽兩岸服務貿易協議》攸關臺灣未來五年經濟成長的動能，主管機關必須調整談判心態，積極克服困難，加速完成簽署。

長久以來，臺灣經濟高度依賴外需成長引擎，然而近十年來製造業大量外移，以製造業為主體的民間投資難以為繼，加上全球投資轉向服務業，各國間的生產和流通性服務需求和品質要求大幅增加，臺灣經濟結構逐漸轉型。根據主計處的資料顯示，二〇一一年製造業占ＧＤＰ的比重已經下降到百分之二十四點七九，反觀經過多年的發展，服務業占ＧＤＰ的比重節節高升，目前約百分之六十八左右。

中國大陸是臺灣最重要的市場，服務業占ＧＤＰ比重目前僅約百分之四十二，遠低於美國、日本及臺灣近百分之七十的水準。中國大陸在十二五規劃中仍然強調「穩增長、調結構、擴內需」的主軸，為配合擴內需，中國大陸預計未來五年內把服務業占ＧＤＰ比重的指標提高到百分之四十七，服務業年增率必須維持百分之十以上，才有可能達成目標。

臺灣服務業屬於相對成熟的經濟體，有技術、研發、人才與完善的培訓制度；中國大陸則擁有雄厚資金、廣大市場與人力，兩岸服務業合作空間很大。服務業需要大量的優質人力，而臺灣與中國大陸有語言、文化的共通便利性，不但可以提供這些人力，也可提供培訓的機會。這是臺灣在中國大陸發展服務業的一大優勢。

馬前總統在國慶文告特別指出，臺灣必須找到新定位，發展為國際經貿體系中「關鍵元件和精密設備」的提供者，即服務業創新模式的開發者；讓服務業成為推動經濟成長、帶動薪資成長的另一個引擎，在兼顧國家安全與利益前提下，大幅放寬外來資金投入臺灣產業的限制，開放將是常態，管制則是例外。

臺灣應從三方面著手，積極發展「創新型服務業」，抓住兩岸服務業合作機遇。第一，透過ＥＣＦＡ後續服務業協商，建立兩岸產業長期、制度性合作，以創新思維引導兩岸產業發展。關鍵在於將臺灣和中國大陸產能視為整體一併考量，結合各自利基，如資金、技術創新、品牌建立、人才培育與通路經驗等，共同拓展服務業的全球市場。尤其不少新興服務業如醫療、教育、文創等，在兩岸都有相當大發展空間，未來將逐漸取代製造業，成為兩岸產業合作的新焦點。

第二，服務業的拓展經常涉及文化、語言、法規、制度、風俗習慣與在地化等問題。尤其是中國大陸缺乏開放經驗，其內部規定繁瑣，還存有各式各樣的「潛規則」文化。因此，兩岸雙方都需從目前防弊轉為興利的思維，配合法規鬆綁、人才移動的鬆綁、國際市場資訊的透明化、補助與租稅優惠、人才的培育、品牌通路布建的協助、上市／櫃的協助與輔導等措施。唯有如此，兩岸服務業才能充分運用合作機會，發揮兩岸產業合作的效益。

第三，提高服務業的研發資源及租稅優惠。長期以來，臺灣重製造輕服務，絕大多數產業預算仍落在基礎研究、電子資訊業及代工研發之上，對服務業投入的資源及租稅優惠和其占國內就業、GDP的比重顯不相當。未來應大幅增加服務業創新、研發資源，才可凸顯服務業的重要性與加快服務業升級轉型的步伐。

我們期待兩岸服務業能密切合作，尤其中國大陸目前正推動金融業開放、人民幣國際化等，臺灣更應抓住機遇，透過ECFA後續服務貿易協商，建立兩岸產業長期、制度性合作，提升臺灣產業競爭力，創造更多商機與就業機會。

5.9 美國夢、中國夢與臺灣夢

中國國家主席習近平近年來談到兩岸關係時，多次提及「中華民族偉大復興」與「心靈契合」，陸方涉臺評論也經常引用。

二〇一三年五月習近平在美國加州一句「中國夢與美國夢相通」，引起諸多討論。有人說，「中國夢」脫胎「美國夢」。不過我認為，「中國夢」跟「美國夢」差別極大。「美國夢」的核心價值是自由平等，藉由保證人民個體的幸福，來凝聚國家意識。最傳神的寫照無疑是美國前總統歐巴馬，在人人平等、機會均享的論述下，少數族群的黑人，終於攀上全球最具權力的位置。

「中國夢」為了掃除百年來的民族恥辱，從集體主義的手段出發，達到中國的富強壯大。從師法蘇聯革命，標榜馬克思主義的富強觀，轉變到改革開放，改以西方資本主義為師。中國崛起了，但自五四以來，百年中國夢最該學到的民主，在中國卻仍遙遙無期。習近平的中國夢，視野未超脫「國富兵強」的格局，不見五四運動的精神，也缺乏關照「自由、民主、公義」的普世價值。

為了紀念美國黑人民權運動領袖馬丁路德．金恩，發表著名的《我有一個夢》（*I have a dream*）演說五十周年，美國前總統歐巴馬在當年的演說地點——華盛頓的林肯紀念堂發表演講，闡述他心中的美國夢。

五十多年前的八月二十八日，一場震撼人心的演說，成為美國社會走向平等的里程碑。半世紀以來，黑人的處遇有很大進展，雖然在民間社會仍存有某種偏見（如犯罪與失業問題），但在政府法律與政策上，種族平權已成為制度化的事實。

北京領導人曾經多次提到中國夢時，不忘加上「兩岸為中華民族的偉大復興而共同努力」。北京嘗試建構兩岸命運共同體的概念，並且希望臺灣在中國夢的建構過程中扮演一定的角色。

如果說北京希望臺灣成為中華文明復興過程中的一個重要參與者及貢獻者，而臺灣是否能夠或願意在中國大陸成長、復興、築夢的過程中，扮演正面、積極的角色，協助中國大陸由和平崛起走向文明崛起，那麼兩岸必須先理解「臺灣夢」。

臺灣是華人國家或社區中（包括中國大陸、臺灣、香港、澳門、新加坡），第一個實施民主政治的領頭羊。臺灣是一個包容多族群的社會（包括新移民），透過民主化的過程，逐漸凝聚成一個共同的臺灣夢。

雖然臺灣的民主政治仍有這樣那樣的缺點，但在各種社會力量與舊體制相互衝撞的過程中，民主制度讓不同族群學習妥協調適與尊重包容；民主價值成為所有族群的臺灣共識。這價值體現為韓寒筆下的「臺灣人的文明素質」。

《我有一個夢》的演說，開宗明義是「我來此兌現支票！」什麼支票？金恩說，「《美國憲法》這張空頭支票」。因為在當時《美國憲法》白紙黑字的「平等」，對黑人而言，並未實現。

中國夢要如何與臺灣夢相通？那就要先問：「中國夢」裡包不包括對《中華人民共和國憲法》的期待？第三十五條規定的言論自由、組黨自由；第三十六條規定的宗教自由；第三十七條規定的人身自由……。長期來看，中國要民主轉型，提升民主素養與文明素質，臺灣夢有無可取代的參考價值，可以建設性地協助中國大陸兌現憲政支票！

國富兵強雖然帶來集體的光榮感，但缺乏個體的人本關懷，終究難以引起臺灣人民的共鳴。如果有一天，中國大陸逐步實現民主治理的普世價值，中國夢與臺灣夢融合成兩岸共享的「中華夢」，將不再是遙不可及的夢想！

如果中國夢與臺灣夢融合相通，那麼習總書記在加州說的「中國夢與美國夢相通」，也相去不遠了！